kidz4kids
WorldWideWords

Kinder und Jugendliche aus aller Welt
erzählen über Flucht und Leben

Altersempfehlung ab 12 Jahren

Anuschka
Weyand
Buchverlag

Impressum

© 2016 Copyright bei Anuschka Weyand
Anuschka Weyand Buchverlag
Im Forst 19, 56191 Weitersburg
www.anuschka-weyand-buchverlag.de
Alle Rechte vorbehalten
Herausgeber: kidz4kids e.V., www. kidz4kids.de

Übersetzer: Wiam Alhaje, Dr. Shahrzad Bakhtiar,
Kira Herzog, Jalal Kasouha, Kristina Koch, Kerstin Lüscher,
Sherwan Murad (alle ehrenamtlich) und Daina Fischer

Gestaltung und Satz: Andrea Petry, www.pp-grafikdesign.de
Layout z. T. unter Verwendung der handschriftlichen Texte der Autoren
Bilder: © emer – Fotolia.com (S. 34), © TravelPhotography – Fotolia.com (S. 42), Andrea Petry, privat

Lektorat: Pia Brocker

Druck: Print und Design, Koblenz, www.print-koblenz.de

ISBN 978-3-9814244-9-2
1. Auflage

kidz4kids
WorldWideWords

Unsere Autoren

Jwana K., Jan K., Agi Jabby, Christin Battik, Victorine Buchholz,
Fatima Babazade, Evan Mussly, Dennis Ghori,
Dujeen Muhamad, Mahgol Rafee, Kamilé Rekeviciute,
Mohamad Bitar, Rafaela Blazevic, Sebal Ichoa, Leah Simms,
Broula Youhanon, Hadi Alsholi, Maram Alsholi,
Hividar, Nagham Alatia, Abdullah Abdullah,
Nour Abdullah, Ali Kalou, Noran Alatia, Mais Alhamed,
Ronida Kalou, Yasser Ahmad, Georg Youhanon,
Sanaa Abozied, Jouleana Youhanon, Tea Nedic,
Alya Abu Middiam, Claudia Ardiu, Ragad Edrees, Giulia Cibaku

Hinweis

Wir bedanken uns herzlich bei allen jungen Autorinnen und Autoren für die zahlreichen kreativen Beiträge, die uns sehr beeindruckt haben. Die Reihenfolge der Texte ist ohne Sortierung erfolgt und stellt keinerlei Wertung dar.

Wir haben bewusst auf ein vollständiges Lektorat verzichtet, um die Authentizität der Texte und der jungen Autoren weitgehend zu wahren. Sollten also einige Passagen etwas holprig sein, so bitten wir Sie, dies zu entschuldigen.

Inhaltsverzeichnis

Vorwort – Anuschka Weyand	10
Vorwort – Mahnaz Loosen	12
Vorstellung – Monika Schiller	14
Vorstellung – Wiam Alhaje	16
Meine Reise – Jwana K.	18
Syrien oder Deutschland? – Jan K.	20
Mein Freund ist weiß – na und? – Agi Jabby	22
Mein Leben in Syrien – Christin Battik	24
Lost, Two worlds, zwei Hälften – Victorine Buchholz	26
Meine neue Heimat – Fatima Babazade	28
Mein Leben in Syrien und jetzt in Deutschland – Evan Mussly	30
Wahrheit – Dennis Ghori	32
Gardenie - Dujeen Muhamad	34
Mein neues Leben – Mahgol Rafee	36
Dein Haus ist, wo dein Herz ist – Kamilé Rekeviciute	40
Handy und lernen?! – Mohamad Bitar	42
Nach Deutschland kommen – Rafaela Blazevic	46
Syrien – Sebal Ichoa	50
Mein bester Freund – Leah Simms	52
Frieden – Broula Youhanon	54
Syrien – Hadi Alsholi	56
Die Geschichte über Syrien – Maram Alsholi	58
Freundschaft – Hividar	60
Eine Geschichte der Ehrlichkeit – Nagham Alatia	64
Todestrip – Abdullah Abdullah	66
Situation in Syrien und die Todesreise – Nour Abdullah	70
Überleben – Ali Kalou	74
Nächstenliebe – Noran Alatia	78
Unsere Flucht – Mais Alhamed	80
Emily im neuen Mond – Ronida Kalou	82
Danke, Deutschland – Yasser Ahmad	88
Die Schwierigkeiten, als ich nach Deutschland gekommen bin – Georg Youhanon	90
Meine Flucht – Sanaa Abozied	92
Erinnerungen – Jouleana Youhanon	94
Die magischen Bohnen! – Tea Nedic	96
Die Mutter – Alya Abu Middiam	98
Meine Freunde in Griechenland – Claudia Ardiu	100
Eine Lebensgeschichte – Ragad Edrees	102
Die Königin der Rosen – Giulia Cibaku	106

He

na

Unsere Vorsitzende von kidz4kids, Anuschka Weyand, fotografiert von Ingo Hilger Fotografie

Liebe Leserinnen, liebe Leser,

nun haben wir uns an ein zweites Themenbuch herangewagt – unser WWW-WorldWideWords. Dies war für uns eine ganz besondere Herausforderung: Wir wollten Texte – möglichst authentische – von Kindern und Jugendlichen aus Flüchtlingsländern sammeln und verlegen. Allein diese Umsetzung hat über eineinhalb Jahre gedauert! Wie viele Ämter, Betreuer, Lehrer und andere wir aufgesucht, angefragt und angeschrieben haben, ist kaum noch nachzuvollziehen. Aber wir sind fündig geworden und haben wunderbar engagierte Helfer gefunden, die den Kontakt zu diesen Kids hergestellt haben. Aufgrund der teilweise sehr traumatischen Erlebnisse waren viele Kinder oft gar nicht in der Lage, über ihr Erlebtes zu sprechen oder zu schreiben. Bei diesen Kids haben wir angeboten, einfach ein Bild zu malen, was gerne angenommen wurde.

In manchen Ländern ist es außerdem ein Tabu über bestimmte Erlebnisse zu sprechen oder diese auch nur zu erwähnen. Eine weitere Schwierigkeit war natürlich auch die sprachliche Barriere. Manche der Kinder waren erst wenige Wochen oder Monate in Deutschland, doch auch diesen Kids wollten wir die Möglichkeit geben, ihre Erlebnisse niederzuschreiben. Also boten wir an, Texte in der Originalsprache einzureichen, wir würden für die Übersetzung sorgen. Einen Auszug dieser Originale haben wir zum Teil dem deutschen übersetzten Text vorangestellt. Und so entstand eine ganz besondere Vielfalt von über zehn verschiedenen Nationen, Sprachen und Schriften!

Mitunter ganz sicher keine leichte Kost, aber voll von Gefühl, Mut, Authentizität und Hoffnung. Hoffnung auf eine neue Heimat, gute Freunde, ein sicheres Zuhause und auf das Angenommen-Werden in unserer Gesellschaft – ohne Vorurteile, Fremdenhass und Diskriminierung. Wir hoffen, wir können einen Gutteil genau dazu beitragen!

Ganz herzlich möchte ich mich bei Andrea Petry bedanken, die in diesem Jahr drei Bücher für kidz4kids produziert hat – in ihrer Freizeit in ehrenamtlicher Tätigkeit – und das wie immer – außergewöhnlich ungewöhnlich mit perfekt passendem Cover und Layout. Großer Dank gilt auch dem weiteren Team um Marianne, Pia, Kira, Monika und natürlich unseren ehrenamtlichen Übersetzern! Aber unsere größte Anerkennung zollen wir all den jungen Autoren in diesem Buch – denn diese Texte zu schreiben erforderte ein beachtliches Maß an Mut und Courage, und dafür habt Ihr unseren Respekt, unsere Hochachtung und unsere Wertschätzung.

Eure Anuschka Weyand
und das Team von kidz4kids

Anuschka Weyand   *Andrea Petry*   *Gertrud M. Petry*

Mahnaz Loosen

Mitglied im Beirat für Migration und Integration Mayen-Koblenz und Migrations-Beratung Andernach

Ein Gedicht für alle Kinder dieser Welt

Liebes, willkommen auf unserem wunderschönen Planeten
Schönheit der Blume, Frische des Taus sei mit Dir
Standhaftigkeit des Felsens sei mit dir
Größe des Meeres sei dein Herz

Geduld der Sahara,
Leichtigkeit des Vogels sei mit dir
Wärme und Stärke der Sonne,
Ruhe des Mondes sei mit dir

Kraft des Zusammenlebens des Waldes,
Opferbereitschaft der Schmetterlinge sei mit dir

Reinheit der Quellen sei mit deiner Seele,
bis eines Tages du sagen kannst:

„Ich bin glücklich, dass ich geboren worden bin"

Mahnaz Loosen

Vorwort

Fantasie spielt für die Weiterentwicklung von Kindern und Jugendlichen eine zentrale Rolle und ihre Bedeutsamkeit darf nie unterschätzt werden. Von daher begrüße ich das Engagement des Vereins kidz4kids, der es sich unter anderem zur Aufgabe gemacht hat, Fantasie und Sprache mit der Veröffentlichung solcher Bücher zu fördern.

Durch meine Arbeit als Migrationsberaterin im Haus der Familie Andernach, aber auch als Mutter, die vor über drei Jahrzehnten als Flüchtling nach Deutschland kam und hier ein neues Zuhause gefunden hat, weiß ich, wie wichtig Sprache ist, weil sie die vielleicht notwendigste Säule einer gelungenen Integration ist.

Ich möchte mich daher bei Frau Anuschka Weyand bedanken, der Vorsitzenden des Vereins kidz4kids, die unseren Flüchtlingskindern hier in Andernach die Möglichkeit gegeben hat, in diesem Buch ihre Geschichte zu erzählen: So fühlen sich Flüchtlingskinder ernstgenommen und bekommen eine Chance, Teil dieser für sie so neuen Gesellschaft zu werden.

Doch bieten diese Bücher allen Lesern und Kindern die einzigartige Möglichkeit, an der Fantasie von Kindern anderer Länder und Kulturen teilzuhaben und von ihr zu lernen. So kann Fantasie Fantasie fördern.

In einer heterogenen Gesellschaft sind interkulturelle Öffnung und Partizipation von enormer Wichtigkeit für ein erfolgreiches und friedliches Zusammenleben und die Arbeit von Vereinen wie kidz4kids fördert dies.

Mahnaz Loosen

Monika Schiller
Sprachförderkraft Gutenberg Schule Dierdorf

Ich arbeite als Sprachförderkraft an der Gutenberg Schule in Dierdorf. Ich unterrichte dort Kinder und Jugendliche im Alter von sechs bis achtzehn Jahren in DaZ (Deutsch als Zweitsprache). Sie kommen aus unterschiedlichen Ländern und sprechen alle bei ihrer Ankunft kein Deutsch. Ich versuche diesen Kindern, die teils schwere Zeiten hinter sich haben, Geborgenheit, Zuversicht und Selbstvertrauen zu geben.

Ich freue mich über jeden Fortschritt, den die Kinder machen und bedauere es sehr, dass Sie nicht sehen konnten, mit welcher Begeisterung die Kinder an ihren Geschichten gearbeitet haben.

Vorstellung Monika Schiller

Sprache ist entscheidend für den Erfolg in der Schule, im Beruf und für die Integration in die Gesellschaft.

Kinder in ihren sprachlichen Fähigkeiten zu stärken heißt also, ihnen Zukunftschancen auf Bildung und gesellschaftliche Teilhabe zu eröffnen. Besonders wichtig ist das für Kinder und Jugendliche mit Migrationshintergrund.

Diese sprachlichen Kompetenzen zu erreichen, das Ankommen und Wohlfühlen in ihrer neuen Schule und auch Heimat, sind meine wichtigsten Ziele.

Wiam Alhaje
Übersetzerin

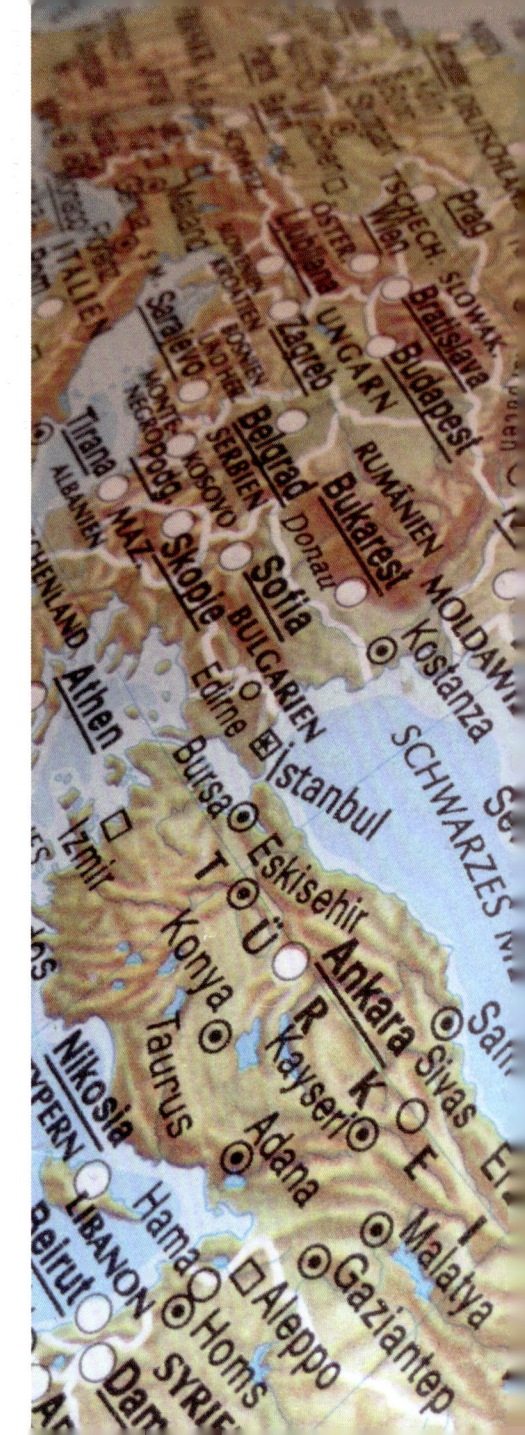

Vorstellung Wiam Alhaje

Mein Name ist Wiam Alhaje. Ich habe Jalal Kasouha geheiratet. Mein Mann lebt in Deutschland, aber ich lebe in einem kleinen Dorf namens Ain Albareda in Syrien. Ich will nach Deutschland reisen und dort mit meinem Mann leben. Ich würde mir wünschen, ganz bald bei ihm zu sein.

Ich habe Pädagogik in Syrien studiert und arbeite als Klassenlehrerin in einer kleinen Schule. Ich unterrichte Grundschüler und bringe ihnen Lesen und Schreiben bei. Ich versuche aus ihnen gute Menschen in unserem Land zu machen und ich versuche ihnen beizubringen, wie man an sich selbst glaubt und seine Träume verwirklicht.

Ich liebe es, eine Lehrerin zu sein, denn es ist die ehrenvollste Aufgabe. Diese Kinder können dich von ganzem Herzen mögen, sie wissen nicht, wie man lügt. Sie bringen mir bei, eine gute Mutter und ein besserer Mensch zu sein.

Jwana K. mit ihrer Schreibpatin Yasmin

Steckbrief
Jwana K.
Herkunftsland Syrien
Wohnhaft in Deutschland

Geburtsjahr: 2007
Hobbys: Malen, Fahrrad fahren, tanzen, schauspielern, auswendig lernen

Vorstellung von Schreibpatin Yasmin Osman
Alter: 20
Berufswunsch: Rechtsanwältin

Wie habe ich die beiden kennengelernt? Meine Mutter hat eine Zeit lang ehrenamtlich bei der Tafel im Auftrag der Caritas vom Arabischen ins Deutsche für Flüchtlingsfamilien übersetzt. Dort lernte sie die Eltern von Jan und Jwana kennen und die drei verstanden sich auf Anhieb sehr gut. Warum möchte ich Schreibpatin werden? Ich finde es schön, dass jemand mal den Kindern von Flüchtlingen eine Plattform bietet und fragt, wie es ihnen denn geht, was sie denn für Erfahrungen gemacht haben, was sie bewegt, wovon sie träumen, ...

Meine Reise

Ich bin Jwana (Juana) und besuche die 2. Klasse. Ich bin gut in der Schule und stolz darauf. Es gab in Syrien einen Krieg. Manche Häuser sind kaputt gegangen. Da waren Leute auf der Straße. Das Wetter war kalt. Ich habe Bomben gehört. Einmal in unserem Haus. Eine Bombe ist mal in der Nähe von unserem Haus auf den Boden gefallen. Unsere Fenster sind kaputtgegangen und wir haben uns erschreckt. Wir sind zu Oma gefahren. Wir waren da ein paar Tage. Von da aus sind wir in ein Auto eingestiegen. Dann sind wir mit dem Reisebus in die Türkei gefahren. Wir sind einen Tag gefahren bis nach Istanbul und da waren wir 3 Monate in einem Hotel. Dann sind wir vom Hotel mit dem Flugzeug nach Deutschland geflogen und dann waren wir in Frankfurt. Dann sind wir nach Trier gefahren. Mir hat es dort gut gefallen. Dort habe ich eine kurdische Freundin gefunden und ich habe mit ihr gespielt. Ich war schon traurig, Syrien zu verlassen und als ich in der Schule war, konnte ich kein Wort Deutsch. Ich war mit meinem Bruder in der 2. Klasse. Irgendwann hat mich die Lehrerin abgeholt und zurück in die 1b gebracht. Sie hat mir Spielfiguren gegeben und dann habe ich so langsam Deutsch gelernt. Lesen war super. Mathe war auch gut. Deutsch auch. Meine Lieblingsfächer sind Sport, Kunst und Mathe. Ich will Lehrerin für Kunst und Mathe werden. Ich bin zufrieden, ich denke aber ab und zu an die Menschen im Krieg. //

Steckbrief
Jan K.
Herkunftsland Syrien
Wohnhaft in Deutschland

Geburtsjahr: 2002

Syrien oder Deutschland?

Der Krieg war immer unser Alltag. Man hörte immer wieder, wie eine Bombe explodierte. Mord gehörte auch zum Alltag. Im Gebäude haben alle Bewohner Hunger gekriegt. Manche flüchteten, manche starben.

Hier in Deutschland ist es nicht so. Hier in Deutschland gibt es Demokratie und keine Diktatoren. Alles ist gut. 50/50 fühle ich mich wohl. Hier gibt es bessere Schulen, Kinderrechte und Gleichberechtigung. Ich schäme mich manchmal, vom Krieg geflohen zu sein, statt zu kämpfen. Manche schützen aber sogar die Diktatoren, die sollen sich schämen, nicht ich. //

Steckbrief
Agi Jabby
Herkunftsland Deutschland
Mutter aus Rumänien,
Vater aus Gambia

Geburtsjahr: 1996

Mein Freund ist weiß – na und?

Mein Freund ist weiß. Ich bin schwarz. Das sollte doch eigentlich in unserer heutigen Zeit kein Problem mehr sein, denken wir. Doch die Welt sieht das anders. Sie sieht uns anders. Egal, wo wir sind und was wir tun, ob wir bei ihm im spießigen Dorf sind oder bei mir, in der ach so aufgeklärten Großstadt, fast jeder starrt uns an. Die Menschen sehen in uns nicht das glückliche Paar, das wir sind. Sie sehen nur schwarz und weiß. Egal, ob wir zusammen lachen, weinen, tanzen oder singen. Egal, ob die anderen Menschen schwarz oder weiß sind. Alle starren uns an. Und immer wieder frage ich mich: Was sollen mir diese herabschauenden Blicke sagen? Ist es Eifersucht, ist es Hass? Freude ist es nur in den seltensten Fällen. Ein Lächeln kommt nur den wenigsten über die Lippen, manchmal auch ein freundlicher Spruch. Die anderen starren. Manchmal frage ich mich, ob ich mir das nur einbilde. Nein, tue ich nicht, sagen meine Augen. Sie meinen es nicht so, sagt mein Herz. Sie verurteilen dich, sagt mein Verstand.

Obwohl wir es nicht wollen, werden unsere unterschiedlichen Hautfarben auch in unserer Beziehung ein ständiges Thema. Wir fangen an, über völlig absurde Dinge zu diskutieren, um dem anderen unsere Sichtweise aufzuzwingen. Denn Verständnis ist für uns beide sehr wichtig. Doch wir fühlen uns beide unverstanden. Er, weil er weiß ist und nichts dafür kann, dass andere weiße Menschen uns anstarren und ich, weil ich mich von solchen Leuten diskriminiert fühle. Ich fühle mich wie ein Tier im Zoo, das, egal wo es hinläuft, von neugierigen Menschen beäugt wird. Für meinen Freund ist es, als müsste er sich für alle Menschen seiner Hautfarbe rechtfertigen und ebenfalls für die Vergangenheit seines Landes. Wir haben es beide nicht leicht, und obwohl wir beide deutsch sind, ist die Hautfarbe doch für andere Leute ein Zeichen dafür, dass wir nicht dieselbe Herkunft haben.

Zusammen können wir es schaffen, sagen wir uns immer. Und es stimmt. Die anderen können uns mit ihren Vorurteilen nichts anhaben, denn wenn wir an unsere Liebe glauben, kann uns auch niemand auseinanderbringen. Kein Weißer und kein Schwarzer! //

Steckbrief

Christin Battik

Herkunftsland
und wohnhaft in
Kussein, Syrien

Alter: 15 Jahre

Mein Leben in Syrien

Ich kann mich an nicht vieles in meiner Kindheit erinnern, aber ich kann mich an einige „Schlagzeilen" entsinnen. Erst war es sehr schön, aber später wurde es wie ein gebrochenes Herz, das kaum schlagen kann. Seit ich im Leben meine Augen öffnete, waren meine Tage voller Glück und Freude. Ich weinte nie oder war traurig wegen dieses Mannes, den keine Wörter beschreiben könnten. Wenn ich über ihn schreibe, beginnen meine Hand und mein Stift so heftig zu zittern und mein Herz schlägt so stark, als springe es aus meiner Brust – meine Augen sind voller Tränen. Was ich auch über ihn schreibe oder erkläre, man wird mich niemals verstehen, dafür muss man ihn gekannt haben. Er war die einzige Person, die für mich einstand, seit ich geboren wurde. Er war wie ein Vater oder ein Bruder oder ein lieber Freund. Der einzigartige Pater Kassouha, der mich den Weg und die Güte und Freundlichkeit lehrte. Er sorgte dafür, dass ich mich wie ein unglaubliches Mädchen fühlte, ein ganz spezielles Mädchen, ein Mädchen, das nicht verletzt werden kann, das niemand schlagen oder ärgern wird, wenn er nicht da ist. Deshalb war es so hart und schlimm für mich, ihn zu verlieren. Ich war zehn Jahre alt, als ich seine Todesnachricht erhielt. Ich sah es im Fernsehen. Als ich hörte, dass er tot war, begann ich seinen Namen zu buchstabieren, immer wieder, ungläubig, was ich hörte und sah. Meine Familie und ich schrien und weinten. Mein Körper begann so zu zittern, dass ich zusammenzubrechen drohte. Ich sagte zu mir selbst, dass es nicht wahr sein könne, der tote Mann war nicht er! Es war jemand anderes! Aber es machte mich auch wütend, dass er getötet worden war, durch die Hände von Leuten, die nicht würdig sind, an seiner Stelle zu leben. Sie töteten ihn, weil er stark war und niemand ihn schlagen konnte. Sie töteten ihn mit Gewehren – und so wurde er zum ersten Märtyrer unserer Stadt – Pater Kassouha.

Ein Jahr später verließ ich meine Stadt, die ich liebte, und ich vermisse meine Freunde und alle sehr. Aber ich habe einen großen Traum: zurückzukehren in meine Stadt und zu meinen Freunden und zu all meinen Lieben. Einst werde ich ihnen meine süßen Erinnerungen meiner liebenswerten Kindheit auf jede Wand und Straße schreiben. //

Steckbrief
Victorine Buchholz
Herkunftsland Deutschland
Mutter aus Deutschland,
Vater aus Kongo

Geburtsjahr: 1996
Hobbys: Sport, lesen, tagträumen, Musik hören und dabei schreiben
Berufswunsch: eine Lehre und danach Chemie studieren

Lost

She was lost
a flickering shadow fleeing light
desperate to find her way
desperate to find herself
Which way to go?
Which way to turn?
Restless, anxious
she turned and turned
`till the world was nothing but
a pool of colors
nothing but changing tunes
and the taste of cotton-candy
Which way to go?
Which way to turn?
Dancing with desert winds
howling with winter storms
she wanders on paths unknown
Which way to go?
Which way to turn?
Desperately she sings
waiting for the stars to join
to lead her where she has yet to be
Which way to go?
Which way to turn?
She whispered
and silence answered. //

Two Worlds

"What is it you see?"
Dark eyes, caramel skin
fierce brows,crazy curls
A chuckle. "I see eyes filled
with two souls
Desert winds and Celtic storms.
I see two worlds colliding."
Destruction is what you see
Destruction is what I am
"No, chaos is what I see
beautiful, breathtaking chaos.
The kind that creates new worlds."
How?
"Accept!" //

Zwei Hälften

Nicht schwarz, nicht weiß
zwei Hälften, kein Ganzes
keine Heimat, keine Wurzel
nur Familie

Zwei Welten, zwei Wurzeln
zerrissen
schwarz in weiß und
weiß in schwarz
fremd und fern
bitter-süß und herb //

Steckbrief
Fatima Babazade
Herkunftsland Aserbaidschan
Wohnhaft in Deutschland

Geburtsjahr: 2007
Hobbys: Lesen, schwimmen, Sport, singen
Berufswunsch: Kinderärztin
Die Idee hinter dem Text:
Fatima möchte, dass andere Kinder darüber aufgeklärt werden, wie man in einem anderen Land wie Aserbaidschan lebt

Meine neue Heimat

Ich heiße Fatima Babazade.
Ich bin 8 Jahre alt. Ich komme aus Aserbaidschan. Ich bin geboren in Baku. Ich bin mit meinen Eltern nach Deutschland gekommen. Seit einem Jahr und vier Monaten wohnen wir in Andernach. Jetzt gehe ich in die 3. Klasse (St. Peter). Wenn ich groß bin, will ich Kinderärztin werden. Ich liebe meine Lehrerinnen. Meine heißen: Frau Müller, Frau Hermes. Ich habe viele Freundinnen. Meine beste Freundin ist Roha. Ich wünsche allen Kindern, dass sie Glück, Gesundheit, viel zu Essen und viel Geld haben und zur Schule gehen können, denn die Schule ist gut.

Liebe Grüße,
Fatima //

Steckbrief
Evan Mussly
Herkunftsland Syrien
Wohnhaft in Deutschland

Geburtsjahr: 2006
Hobbys: Fußball, Deutsch lernen
Berufswunsch: Polizist
Die Idee hinter dem Text:
Evan wollte seine Geschichte
auch anderen erzählen

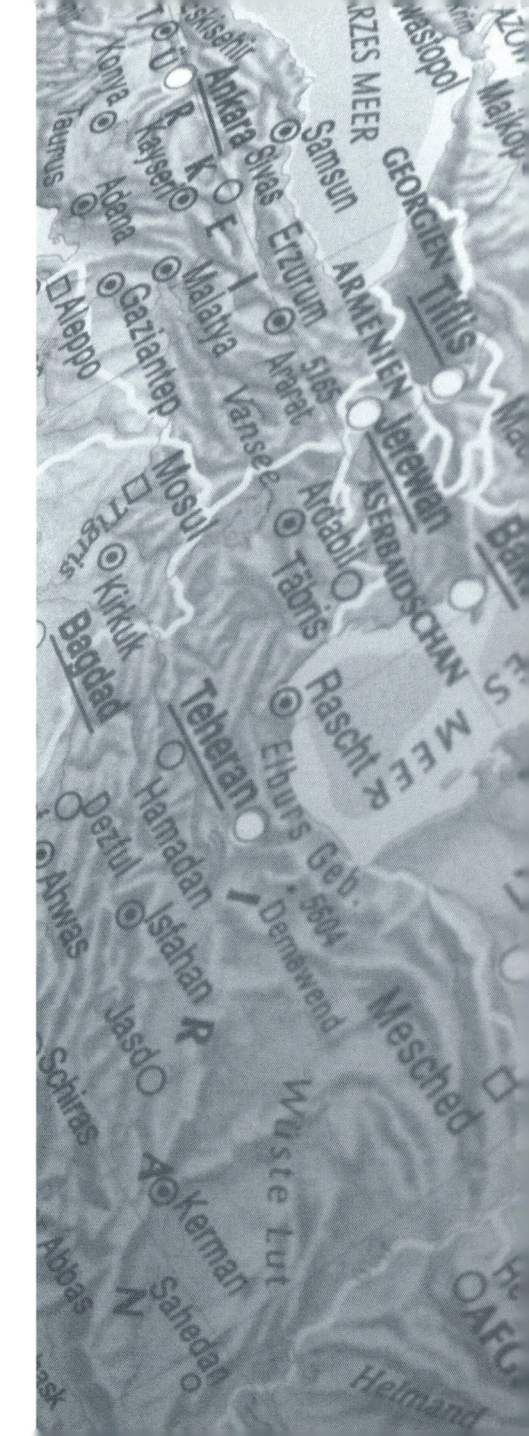

Mein Leben in Syrien
und jetzt in Deutschland

Mein Name ist Evan Mussly und ich bin 9 Jahre alt. Ich komme aus Syrien. Ich bin in Syrien geboren. Es ist ein toller Ort mit netten Leuten. Ich war sehr glücklich in Syrien mit meiner Familie und meinen Freunden. In Syrien ging ich auf eine englische Schule, meine Lehrer waren sehr nett und freundlich zu mir sowie auch meine Freunde. Ich spiele gerne Fußball, Verstecken, lese Bücher und spiele gerne Videospiele. Nach dem Krieg verlor ich alle meine Sachen. Aber jetzt hier in Deutschland bin ich glücklich mit meinem neuen Leben. Voller Liebe und Freude. Ich habe mit der Schule begonnen und gehe in die 3. Klasse, ich bin froh über meine neue Schule. Meine Nachbarschaft ist sehr freundlich und fröhlich. Ich wünschte, der Krieg in Syrien wäre zu Ende und dass meine Familie und der Rest sicher sind. Mein Traum ist es, mit der Schule weiterzumachen und ein Polizeioffizier zu werden, wenn ich groß bin, um der Welt zu helfen. Ich hoffe, die Menschen in meinem Land sind sicher und werden Deutschland erreichen. //

Steckbrief
Dennis Ghori
Herkunftsland Deutschland
Eltern aus Pakistan

Geburtsjahr: 2000
Hobbys: Fußball spielen, Fahrrad fahren, schwimmen

Wahrheit

ist eine wahre Geschichte. Als
flog ich zum ersten mal mit mein
~~en~~ nach Pakistan. Die Kultur
ich ja bereits. Aber in Paki
ganz andere Kultur gesehen.
gefühlt als wäre ich in einer

Oma hat mir erzähl in Pakis
desländer. Jedes Bundesland hat
. Das erste Bundesland ist Punjab
ist Punjabi. Das zweite Bundes l
re Sprache ist Belchtan. Dann no
Land Sindh ~~voncva man~~ Sindhisch s
uter letzt kommt nach Khyber
er Sprache Khyber.
der Zeit hab ich sehr viel über di
e und Katzen leben hier komplett a
eckig. Meine Oma hat mir auch
viele arme Familien gibt und das

Wahrheit

Dies ist eine wahre Geschichte. Als ich 9 Jahre alt war, flog ich zum ersten Mal mit meiner Mutter nach Pakistan. Die Kultur in Deutschland kannte ich ja bereits. Aber in Pakistan habe ich eine ganz andere Kultur gesehen. Zuerst habe ich mich gefühlt, als wäre ich in einer anderen Welt.

Meine Oma hat mir erzählt, in Pakistan gibt es vier Bundesländer. Jedes Bundesland hat seine eigene Sprache. Das erste Bundesland ist Punjab und ihre Sprache ist Punjabi. Das zweite Bundesland ist Bluchistan und ihre Sprache ist Belchtan. Dann noch das dritte Bundesland Sindh, wo man Sindhisch spricht. Und zu guter Letzt kommt noch Khyber Pakhtunkhwa mit der Sprache Khyber.

Mit der Zeit habe ich sehr viel über die Kultur gelernt. Hunde und Katzen leben hier komplett anders. Die Straßen sind dreckig. Meine Oma hat mir auch erzählt, dass es sehr viele arme Familien gibt und dass sie kein Taschengeld bekommen. Die anderen Kinder mussten arbeiten gehen. Sie waren meist zwischen 8 und 10 Jahre alt und mussten schon Autos putzen. Andere mussten in Kneipen Geschirr spülen. Viele Kinder konnten die Schule aus den ärmeren Gebieten nicht besuchen, weil sie nicht das Geld hatten für Bücher und Uniformen. Das ganze Geld, was die Kinder vom Putzen und Spülen verdient haben, mussten sie für Essen ausgeben. Außerdem können die Kinder nicht mit anderen Kindern spielen und Spaß haben.

Ungefähr 54 % der Kinder können keine Schulen besuchen. Am meisten hat es auch die Mädchen getroffen, die nicht zur Schule gehen können. //

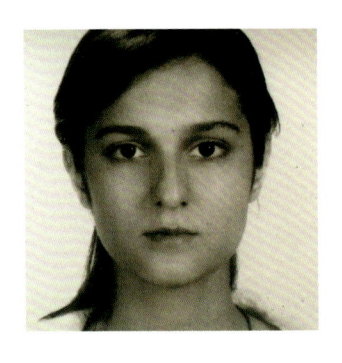

Steckbrief
Dujeen Muhamad
Herkunftsland Syrien
Wohnhaft in Deutschland

Geburtsjahr: 1997
Hobbys: Sprachen lernen, Gitarre spielen
Berufswunsch: Ärztin

Gardenie

Wenn ich meine Gedanken auf Papier bringen will, verschwinden die Wörter. Am Ende des Tages kam ich zurück zu meinem Stift und meinem Papier, um erneut meine Ideen aufzuschreiben, aber wie gewöhnlich wachte ich am nächsten Morgen auf; mein Bett voller zerfetzter Papiere und meine Hände voller Tinte. Verlust und Verlieren sind unglaublich schmerzhaft und haben Millionen Bedeutungen, die auf jede traurige Geschichte zurückzuführen ist. Für mich ist Verlust, mein Land, meine Zukunft, meine Hoffnung zu verlieren. Ich bin eine junge Frau aus Kurdistan in Syrien aus der Stadt Afren. Als ich meine Heimat verließ, hatte ich keine Ahnung, dass ich dort das letzte Mal sein würde. Ich wusste nicht, was passierte. Alle meine Träume, alle meine Hoffnungen, alle meine einfachen und schönen Dinge waren verschwunden. Jetzt haben sich meine Träume verändert, unser syrischer Krieg hat alles verändert. Unsere Träume sind, dass wir unter einem Himmel leben, ohne die Geräusche des Kriegs zu hören, ohne die traurigen Nachrichten, dass dieses Haus zerstört wurde, dieser Mann starb und dieses Mädchen verängstigt ist. Diese Frau starb vor Hunger oder weil sie keine Medikamente bekam. Ohne zu verhindern, dass Menschen in den Camps aufgrund der Hitze oder Kälte sterben. Haben wir so an Wert verloren?? Ich habe mein Land verlassen und bin nach Deutschland gereist. Auf der Reise mussten wir unsere Religion verstecken, was sehr hart für uns war. Die Sprache meiner Vorfahren ist Alkordea, aber ich spreche sie nicht so gut. Ich habe arabisch gelernt und bin bis zur dritten Klasse in die Schule gegangen, hatte aber wegen des Kriegs in Syrien nicht die Chance zur Universität zu gehen. Das ist, was Krieg macht. Er vertreibt dich an verschiedene Orte mit verschiedenen Menschen und du musst immer von vorne beginnen. Es sterben Menschen, sie verlieren ihre Angehörigen, ihre Kinder, ihre Eltern, Menschen haben bei den Einschlägen ihre Familie sterben sehen. Aber alles hat ein Ende, auch der Krieg wird eines Tages enden. Jetzt bin ich in Deutschland und habe neue Träume, ich gehe zur Schule und werde zur Universität gehen, um meine Träume wahr werden zu lassen. Es ist nicht einfach, ein neues Leben weit weg von all meinen geliebten Menschen in einem neuen Land mit einer neuen Sprache zu beginnen. Aber ich weiß, dass die syrischen Menschen überall Erfolg haben werden. //

Steckbrief
Mahgol Rafee
Herkunftsland Iran
Wohnhaft in Deutschland

Geburtsjahr: 2001
Hobbys: Film gucken,
Musik hören, tanzen, Gymnastik
Berufswunsch: Ärztin

»Mein neues Leben« / »زندگی جدید من«

Mahgol

گذشته. با آیدی به کانال علم کده کلیه احزان شدم و
نمی دیدم حالت بهبود حاصل نمی کند. و این سر شیرینه با

ماه قبل معنی دوری و دلتنگی رو نمی فهمیدم ولی الان او
وقتی مجبور به ترک وطنم شدم نه تنها چهارده سال زندگی
جا گذاشتم. نمی دانی که چه میشه هر چه سریعتر باید از ایران ب
سرد و تار رسید و تنها فکرم این بود که چطوری بدون خانواد
ارم. لحظه ای که که پایم را توی آلمان گذاشتم حس خیلی ع
ستم خوب یاد. میشد گفت که هم هیجان زده بود
فهمیدم که بعد از چند روز به کمپ پناهجویان رفتم. خواسته
وجودم احساس می کردم. شوک خیلی عجیبی بود و قتی در
ی ملیت های متفاوت بود در یک مکان و گفتار هم دیدم. بر
ی که تا صبح گریه کردم. در زمانی که مادر
بود که خیلی ها جا برای خوابیدن نداشتند. تا او نمیخ م
ایند که صحبت نکرده بودم. اما احساب یک خانواده ا
بود ما را به اتاقشان راه دادند. و به ما اجازه دادند تا و
 باشم. خانواده ی خیلی خوب و مهربانی بودند.

Mein neues Leben

Your lost Joseph will return to Canaan, do not grieve
This house of sorrows will become a garden, do not grieve

Oh grieving heart, you will mend, do not despair
*This frenzied mind will return to calm, do not grieve**

Vor neun Monaten hätte ich vielleicht die Bedeutung von Sehnsucht und Heimweh nicht verstanden, aber jetzt kann ich es mit meinem ganzen Körper nachvollziehen. Als ich mein Land verließ, habe ich nicht nur 14 Jahre meines Lebens, sondern auch eine Hälfte meines Daseins zurückgelassen. In dem Moment, als es mir klar wurde, dass ich schnellstens das Land verlassen muss, wurde es mir schwarz vor Augen. Mein einziger Gedanke war, wie soll ich ohne meine Familie und meine besten Freunde überleben. In dem Moment, in dem ich Deutschland betrat, hatte ich ein eigenartiges Gefühl. Ich wusste nicht einmal, ob dies ein gutes oder ein schlechtes Gefühl war. Vielleicht war ich etwas aufgeregt. Dass es aber vielmehr ein schlechtes Gefühl war, wurde mir klar, als ich einige Tage später in das Erstaufnahmelager kam. Nicht nur spürte ich ein schlechtes Gefühl, sondern auch Angst. Es war für mich ein Schock, zum ersten Mal so viele Menschen aus so vielen Ländern gleichzeitig an einem Ort zu sehen. Im ersten Moment war ich sehr verängstigt – in der ersten Nacht habe ich nur geweint. Zu dem Zeitpunkt war das Lager so voll, dass viele keinen richtigen Schlafplatz hatten. Bis zu diesem Zeitpunkt habe ich keinen einzigen Afghanen gekannt. Aber eine afghanische Familie hat uns angeboten, in ihren Zimmern zu schlafen und das, obwohl sie viele Kinder hatten. Es waren sehr nette Menschen. Es ist mir sehr schwer gefallen, das Zimmer zu verlassen und unter die Menschen zu gehen. In einer Nacht habe ich an der Decke eine Spinne gesehen – ich habe große Angst vor Spinnen. Ich habe die ganze Nacht nicht geschlafen und die anderen konnten auch meinetwegen nicht einschlafen. Auf der Tapete neben meinem Bett hatten einige Kinder zuvor Spinnen gemalt. Jedes Mal,

* Hafis (1315 – 1390, persische Aussprache: H fez) ist einer der bekanntesten persischen Dichter und Mystiker. Der Diwan ist Hafis' bekanntestes Werk. Als Hafis' „Diwan" in der Übersetzung von Hammer-Purgstall zum ersten Mal in die deutsche Sprache Eingang fand, gehörte Johann Wolfgang von Goethe zu seinen hingebungsvollsten Lesern. Das Werk befindet sich in der Herzogin Anna Amalia Bibliothek in Weimar. Inspiriert und im Dialog mit dieser reich kommentierten Ausgabe schrieb Goethe ab 1814 seinen Gedichtzyklus West-östlicher Divan (1819).

wenn ich nachts die Augen geöffnet habe, habe ich geschrien. Und wieder waren alle wach. Der Schlaf ist sehr wichtig für mich. Meine schlimmste Erfahrung war, wenn in den frühen Morgenstunden einige aus Langeweile die Rauchmelder durch Zigaretten und Shisha zum Heulen brachten und wir alle die Halle verlassen mussten. Auch wenn es eine sehr schwirige Zeit war, gibt es aber auch schöne Erinnerungen – nächtelanges Quatschen, gemeinsames Kochen, picknicken usw ...

Wir verbrachten viele Tage und Nächte dort. Einige Tage waren gut, einige unerträglich. Nach all den Problemen und Schwierigkeiten haben wir endlich eine Wohnung bekommen, die für uns ausgesucht worden war. Die Wohnung war in einer Stadt namens Urbar bei Koblenz. Es war sehr interessant für mich, diese Stadt zu sehen. Eine Stadt voller freundlicher und netter Menschen. Ich war voller Aufregung und Sorgen über die Stadt, in der ab jetzt unser neues Leben beginnen sollte. Als wir mit dem Taxi angekommen sind, sind alle meine Sorgen verschwunden, als ich diesen schönen grünen Ort und das schöne Haus gesehen habe. Es war klein, aber voller positiver Energie. Der Vermieter war ein Iraner, unsere Nachbarn Iraner und Afghanen. Die erste Woche verging durch Stadtbesichtigung und Kennenlernen der Straßen und des Ortes.

Die Ausbildung in einer guten Schule ist für mich und meine Familie sehr wichtig. Im Iran habe ich die Schule für Begabte besucht. Nach 2 Wochen ist ein Bekannter mitgekommen, um bei meiner Anmeldung in der neuen Schule zu helfen. Er hat uns von einer guten Schule in Koblenz erzählt und uns diese Schule empfohlen. Wir sind gemeinsam dahin und haben mit den Verantwortlichen dieser Schule gesprochen. Der Schulbeginn war am Montag der darauffolgenden Woche. Es ist eine gute Schule. Die Lehrer und die Verantwortlichen sind sehr nett und zuvorkommend. Aber nach einiger Zeit wandelte sich alles Gute in das Schlechte um. Nicht weil diese Schule schlecht wäre, nein! Dass ich die Sprache nicht beherrsche und meine Meinung nicht mitteilen kann, quälte mich sehr. Langsam bin ich in der Klasse unsichtbar geworden, weil ich nicht sprechen konnte und niemand mein Dasein wahrnahm. Mit der Zeit haben meine Mitschüler angefangen, sich über mich lustig zu machen, weil ich nicht alles verstanden habe. Insbesondere die Jungs! Der Gang zur Schule und zu diesen Mitschülern kränkte mich jeden Tag mehr, bis mein Deutschkurs in einer anderen Schule begann. Als ich diese Schule betrat, kannte ich niemanden. Ich hatte aber ein besseres Gefühl, weil sie mit mir netter umgegangen sind. So konnte ich wieder etwas Selbstbewusstsein aufbauen. Im Laufe der Zeit habe ich meine besten Momente dort verbracht. Ich zähle die Stunden, bis die Schulstunden vorbei sind und mein Deutschkurs beginnt. Ich hasse es, gedemütigt und erniedrigt zu werden. Meine besten Freunde habe ich im Deutschkurs und nicht in meiner Schule. Nicht, weil ich es nicht wollte. Ich habe mich bemüht, trotz der Lästereien und Belustigungen nett zu meinen Mitschülern zu sein. Aber sie wollten mich nicht! Ich habe meine ganze Kraft in sie investiert und habe mich immer gefragt, warum sie so mit mir umgehen? Ich habe ihnen doch nichts getan! Warum machen sie sich lustig über mich, weil ich Sachen nicht weiß? Ich mache mich doch auch nicht lustig über Leute, die kein Farsi (Persisch) können! Oder sollte ich etwa?!

Es sind 7 Monate vergangen und obwohl meine Deutschkenntnisse deutlich besser geworden sind, hat sich am Verhalten meiner Mitschüler nichts geändert! Aber ich versuche immer noch, Zugang zu finden! Zwischenzeitlich haben wir eine sehr schlechte Nachricht erhalten. Der Onkel meines Vaters ist gestorben. Ich habe nur zwei Tanten mütterlicherseits, daher bin ich emotional sehr eng mit der Familie meines Vaters verbunden. Sie sind wie meine eigene Familie. Mit dem Tod des Onkels ist plötzlich alles zusammengebrochen, die traurigen Gefühle einerseits und die Hilflosigkeit andererseits. Meine größte Sehnsucht gilt aber meinen Großeltern, die noch im Iran sind. In den letzten 14 Jahren war ich niemals fern von ihnen. Jetzt habe ich sie aber eine lange Zeit nicht gesehen und weiß nicht, wie lange es noch dauert, bis ich sie wiedersehe.

Wir sind jetzt seit 9 Monaten in Deutschland. Die Ereignisse der letzten 9 Monate waren unglaublich. Ich hätte nie gedacht, dass dies auf mich zukommt. In vielen Momenten bin ich zerstört und traurig. Aber wenn ich sehe, was die anderen Menschen auf diesem Weg erlebt haben, wie sie ihre Lieben verlieren mussten und trotzdem stark geblieben sind, weiß ich, dass ich trotz allem auch stark bleiben muss. Ich muss zeigen, dass ich es kann. Ich muss mit meinen Problemen kämpfen und dabei an Gottes Wille glauben. //

Steckbrief
Kamilé Rekeviciute
Herkunftsland Litauen
Wohnhaft in Deutschland

Geburtsjahr: 2000
Hobbys: Tanzen, mit Kindern spielen, lesen, Film gucken
Berufswunsch: Schauspielerin

Dein Haus ist, wo dein Herz ist

Alles ist so fremd, die Sprache, der Ort, das Zuhause. Das sind doch die wichtigsten Dinge in einem Land. Und jetzt stell dir vor, dass du das alles für etwas Neues, Fremdes aufgeben müsstest. Als ob du dir etwas zu eigen machen würdest, was nicht deins ist. Und dein Leben würde sich ganz grundlegend ändern. So ist es auch mir und meiner Familie passiert. Uns ging es in Litauen aus verschiedenen Gründen immer schlechter und schlechter, daher entschlossen wir uns, zu unserer Großmutter nach Deutschland zu ziehen. Der Vorschlag unserer Großmutter, zu ihr nach Deutschland umzuziehen, wirkte sehr verlockend und gut umsetzbar. Meine Großmutter wohnt hier schon seit fünf Jahren, also halfen sie und Großvater uns sehr und helfen uns noch bis heute.

Am Anfang war das alles sehr schwer vorstellbar. Alles sah aus wie ein langer Familienurlaub. Ich fing erst an zu begreifen, dass das wirklich wahr war, als ich anfing, in die Schule zu gehen und mit anderen Gleichaltrigen zu tun hatte. In der Schule ist es schwer, wenn du weißt, dass von dir viel mehr erwartet wird, als du kannst. Und am schwersten ist es, wenn du weißt, dass du dich wirklich anstrengst, aber das einfach nicht beachtet wird. Aber die Klassenkameraden gleichen das aus. Sie helfen, wo sie nur können, was sehr nett und freundschaftlich von ihnen ist. Also alles wieder von Neuem, eine neue Sprache, ein neuer Ort, ein neues Zuhause. Aber ich denke, dass alles gut werden wird. Egal, wie schwer es auch werden wird, meine Familie wird immer an meiner Seite stehen, egal, in welchem Land. //

Steckbrief
Mohamad Bitar
Herkunftsland Syrien (Aleppo)
Wohnhaft in Deutschland

Geburtsjahr: 2000
Hobbys: Beatbox, lesen, Fahrrad und Inliner fahren
Berufswunsch: Arzt
Die Idee hinter dem Text:
Mein Motto: "Immer lernen"

Handy und lernen?!

Seit ich verstanden habe, wie wirklich wichtig es ist, stets etwas Neues zu lernen, ist mein bescheidenes Motto „Immer lernen". Ich war eigentlich immer einer von den besten Schülern in der Schule in Syrien. Aber irgendwie mochte ich nicht wirklich lernen. Oder ich lernte sozusagen nur, was ich lernen musste. Etwas extra war mir zu viel. Als ich mit 15 Jahren nach Deutschland gekommen bin und in die deutsche Schule ging, konnte ich gar kein Deutsch! Glücklicherweise konnte ich Englisch sprechen. Das war eigentlich besser als für die andern, die auch nach Deutschland gekommen sind und nur ein bisschen oder gar kein Englisch sprechen konnten. So konnte ich ein bisschen Kontakt mit den anderen aufnehmen. Aber die Fächer sind sowieso auf Deutsch! Englisch hat mir da nicht mehr geholfen. Ich saß dabei, aber ohne ein Wort zu verstehen. Auch wenn ich erfahren habe, über welches Thema es ging, konnte ich nicht verstehen, was die Mitschüler und der Lehrer sagten. Die Wissenschaft hatte ich doch, aber wegen der Sprachlosigkeit fühlte ich, dass ich irgendwie nichts hatte.

In dieser Situation habe ich richtig begriffen, dass man ohne Wissenschaft wertlos ist, und je mehr man lernt, desto wertvoller wird man sein. Ich wollte das für die anderen erklären. Ich suchte eine Weise, mit der ich es gut erklären kann. Ich liebe die Technologie. Deshalb finde ich, dass die besten Beispiele die Computer und die Handys sind. Warum und wo liegt die Beziehung zwischen denen?? Ich nehme lieber die Handys als Beispiel, weil fast jeder derzeit ein Handy hat, aber nicht jeder ein Computer hat. Wir sind wie ein Handy und unser Gehirn ist wie das Betriebssystem des Handys. Das Betriebssystem ermöglicht, viele Apps auf dem Handy zu installieren. Diese Apps haben die Funktionsweise bestimmter Sachen, die man mit dem Handy tun kann. Ohne diese Apps kann das Handy eigentlich nicht viel machen. Man braucht zum Beispiel einen Wortübersetzer. Die Musik-App übersetzt keine Wörter! Dann muss man einen Übersetzer installieren, genauso wie die Apps, die du auf deinem Handy installierst, wie die Informationen, die du jeden Tag lernst. Je mehr Apps du hast, desto mehr kannst du mit deinem Handy machen, und desto hilfreicher ist dein Handy.

Aber auffällige Unterschiede gibt es doch zwischen den Handys und uns. Es gibt manch kostenlose Apps im Store des Handys. Aber bei uns ist Lernen gar nicht kostenlos oder so einfach, sondern wir müssen Zeit verbringen und uns Mühe geben, um etwas richtig zu lernen. Aber glaub mir, du wirst finden, dass die Ergebnisse gar nicht vergleichbar sind mit der Mühe, die du ein bisschen erlitten hast, wenn dein Lernen sich auszahlt! Noch ein wichtiger Unterschied ist der Speicher. Der Speicher ist in jedem Handy begrenzt. Aber unser Gehirn und unser Gedächtnis sind unbegrenzt. Man kann lernen, wie er lernen kann. Wir haben das Handy erfunden, das ohne uns nur Metall ist.

Nach der Schule oder Uni fängt man an zu arbeiten. Aber manche hören mit dem Lernen ganz auf! Alles ändert sich ständig, und nichts bleibt wie es ist. Wenn du stabil, wie du bist, bleibst und denkst, dass es dir schon reicht, was du gelernt hast, fällst du! Als ich mein erstes Handy bekommen habe, habe ich einige Apps benutzt. Manche benutze ich noch und manche nicht mehr. Sie alle waren damals sehr gut. Aber die Apps, die ich noch benutze, werden von Zeit zu Zeit aktualisiert, und ständig wird etwas Neues hinzugefügt, was die Benutzer brauchen. Die anderen habe ich einfach gelöscht oder gewechselt, weil sie ohne Veränderungen oder Behebungen geblieben sind. Es ist ein schlichtes Beispiel, aber genauso ist es bei allem. Wenn man immer etwas Neues lernt, entwickelt man sich und macht sich höher. Sonst fällt er, wenn er aufhört, weil es viele gibt, die sich weiterentwickeln.

Es ist sicher, dass unser Gehirn die prachtvollste, machtvollste und stärkste Sache in der Welt ist. Es hat unvorstellbare Fähigkeiten, die man ausnutzen kann oder einfach verschwenden kann. Mein Motto besagt, was ich gewählt habe. Und du? //

ديا وشعاري في التواصل هو: "التعلم دائماً"!
كنت في المعتبة من أفضل الطلاب في المدرسة في بلدي
سوريا. لكنني سئلت ما لم أحب التعلم بكل صفات اللغة:
ليع المعلم متى يتعلم ما وجب عليه تعلمه فقط.
ي سئ رضاي كان بالدرجة طي أكثر من اللازم.
لما أتيت إلى ألمانيا عبر من عشر عاماً ودخلت المدرسة
هنا لم أكن أستطيع تكلم الألمانية أبداً، ولكن لحظ كنت
أتكلم الانجليزية بشكل جيد. هذا الوضع كان في المعتبة أفضل
الذين يتكلمون الانجليزية. واستطعت بذلك أن أتواصل
بدّ سهل الآخرين.

المواد الدراسية كانت باللغة الألمانية، وجلست في الحصص
تسمع فقط دون أن أفهم أي طلمة. كنت أفهم الوصنف
عن يجربون عنه في الحصة وأسئلة المعرفة العلمية بالتعليم
لو المواضيع، ولكن بسبب فقداني اللغة الألمانية لم أستطع
مشاركة معرفي والتفاعل أثناء الحصة ويشعر الانسان ن
معرفته العلمية لا يساي ليصالحا للآخرين.

أنت تسرح ما قد أدركته للآخرين بشكل أفضل، حيث
طريقة تكتف لإيصال الفكرة للجميع.
بدأت أفضل طريقة ممكنة أن نأخذ كتاب الهاتف النقال
ن لماذا؟ أين تكمن الملائمة بين التعليم والهاتف النقال؟
سبيل المثال من خلال الهاتف النقال وعقلنا نظام تشغيل
الهاتف. نظام التشغيل يتيح لنا تنزيل العديد من التطبيقات
الهاتف، وهذه التطبيقات تتلك طريقة تشغيل

Steckbrief
Rafaela Blazevic
Herkunftsland Bosnien, aufgewachsen in Kroatien, wohnhaft in Deutschland

Geburtsjahr: 2001
Hobbys: Lesen, Musik hören, Filme gucken
Berufswunsch: Sozialpädagogin

Nach Deutschland kommen

Ich bin in Bosnien geboren, den größten Teil meines Lebens habe ich in Kroatien verbracht. Ich habe alles verlassen, meine Freunde, mein Haus und meine Heimat. Wir haben ein neues Leben gesucht, in der Hoffnung, dass alles besser wird. Jeder, der denkt, dass es einfach ist, alles zu verlassen, der täuscht sich, das war es nicht. Das ganze eigene Leben hinter sich zu lassen und einen neuen Anfang zu suchen … Ehrlich, dafür muss man viel Mut haben. Das war für mich ein großer Schritt, für uns alle, für mich, für meine Familie. Obwohl meine Heimat Kroatien ein sehr schönes Land ist, mit tollem Klima und toller Natur, wunderschönem Meer, zuvorkommenden und netten Menschen, ist einer der Gründe, warum ich Kroatien verlassen habe, die schlechte finanzielle Situation. Der Hauptgrund aber ist, dass wir jungen Leute dort keine Perspektive haben. Ich habe Kroatien verlassen, weil ich denke, dass es in Deutschland viele Möglichkeiten gibt, dass wir jungen Leute später ein besseres Leben führen können.

Als die Zeit und die Tage vergingen und die Reise nach Deutschland immer näher rückte, wurde es für mich immer schwieriger. Ich stellte mir viele Fragen über das, was mich in Deutschland erwartet. Schule, Gesellschaft, Sprache, das waren nur ein paar der vielen Fragen. Während die Zeit verging, hat mich auch mein Optimismus verlassen. Allein der Gedanke daran, dass ich meine Verwandten und Freunde verlasse, war für mich furchtbar. Ein paar Tage vor der Abreise fing ich an zu überlegen, dass das alles keine gute Idee war. Im Prinzip war mir nicht bewusst, was mir geschah. Ich habe gedacht und gehofft, dass das alles nur ein Traum ist, aber es war keiner. Die ersten Tage in Deutschland sind damit vergangen, dass ich ständig an Kroatien gedacht habe. Ich war die ganze Zeit lustlos. Ich dachte, das Leben macht keinen Sinn mehr. Kurz gesagt, es war schwer für mich. Nach ein paar Tagen begann die Schule und mit der Schule begannen neue Probleme. Die ersten paar Tage war ich gar nicht begeistert und ehrlich gesagt, war mir auch langweilig. Am Anfang habe ich fast nichts verstanden und das war eins der größten Probleme. Jeder Tag, jede Woche war für mich ein ständiger Kampf. Ich habe immer das Ende der Woche herbeigesehnt, damit ich mich von der Schule und den Verpflichtungen erholen konnte. Aber ich muss trotzdem sagen, dass meine jetzige Klasse mich sehr nett aufgenommen hat, ich habe mich Willkommen gefühlt. Aber das hatte nichts an meinem Gefühl geändert, nicht hierher zu gehören. Trotzdem, wann immer ich gefragt wurde: „Wie geht´s?", habe ich geantwortet: „Mir geht´s gut". Ich war positiv eingestellt, weil ich gewusst habe, dass die besseren Zeit kommen werden. Mit der Zeit habe ich mich besser gefühlt und angefangen, mich an die neue Situation zu gewöhnen. Außerdem habe ich auch angefangen, Kurse zu besuchen, wo ich nette Menschen und Freunde getroffen habe. Es war für mich nicht einfach, das alles zu schaffen. Immer wenn ich müde war und mir schwer war, habe ich mir selbst gesagt: „Das alles, was Du heute machst, wird sich eines Tages auszahlen!" Tag für Tag wurde alles ein bisschen besser. Ich wurde zufriedener und fröhlicher. Ich fing an, alles positiver zu betrachten. Alles begann sich zu fügen. Mein Deutsch wurde besser und besser und ich habe nette Menschen kennengelernt. Einfach ausgedrückt: Jeden Tag wurde ich glücklicher. Der Grund meines Glückes waren die netten Menschen, die uns in diesem Land aufgenommen haben. All diese Menschen waren sehr zuvorkommend, sie waren der Grund, warum ich mich Willkommen gefühlt habe. Ich muss zugeben, dass ich die Menschen, die ich in diesen paar Monaten kennengelernt habe, als fröhlich, gesellig und kulturell erlebt habe. Und klar, dass ich mich oft an meine Heimat erinnere und nostalgisch bin, aber die Zeit vergeht, und trotzdem werde ich mich immer an meine Heimat erinnern. Ich muss auch sagen, dass ich sehr stolz auf mich bin, auf alles, was ich hier erreicht habe, obwohl es nicht viel ist. Ich weiß, dass jeder Anfang schwer ist, aber ich hoffe trotzdem, dass ich einen Platz unter der Sonne finde. //

škola, društvo, jezik, to su samo bila neki od pitanja. Kako je vrijeme isticalo, isticala je i moja pozitivnost. Sama pomisao da ću morati ostaviti prijatelje i rođake bila je strašna. Nekoliko dana prije polaska mislila sam da je to sve bila jako loša ideja. Zapravo nisam bila ni svjesna što se događa. Mislila sam i nadala se da je sve to san, ali nije bio.

Prvih nekoliko dana u Njemačkoj prošli su u prisjećanju na Hrvatsku. Iskreno, sve to vrijeme bila sam bezvoljna. Mislila sam da život nema smisla. Ukratko, bilo mi je teško. Nakon nekoliko dana počela je škola, a sa školom i novi problemi. Prvih nekoliko dana nisam bila baš oduševljena, bilo mi je iskreno malo i dosadno. Na početku nisam skoro ništa razumijela i to je bio jedan od glavnih problema. Svaki novi tjedan i svaki novi dan za mene je predstavljao novu borbu. Jedva sam čekala kraj radnog tjedna samo da bih se odmorila od škole i obaveza. Moram reći da me je moj sadašnji razred strašno lijepo primio

Steckbrief
Sebal Ichoa
Herkunftsland Syrien
Wohnhaft in Deutschland

Geburtsjahr: 2001
Hobbys: Sport machen

Syrien

Ich bin Sebal aus Syrien. Ich schreibe über Syrien. Syrien war ein Land voller Armer und Reicher, Muslimen und Christen, Junger und Alter. Syrien war ein Land voller Liebe und Freude, bis die bösen Menschen kamen und begannen, einen Keil zwischen Muslime und Christen zu treiben. Sie hatten Waffen und Bomben und haben alle Ausrüstung zerstört. Also wurde unser Land durchzogen von Krieg und Bomben, von Dunkelheit und Tod. Jeden einzelnen Morgen wachten wir mit schlechten Nachrichten auf. Frauen, Kinder und Alte starben aufgrund der Blindheit der Bösen, die nicht zwischen Gut und Böse unterscheiden konnten. Alle unsere Häuser in Syrien voller Fotos von Märtyrern, alle Mütter, Schwestern und Ehefrauen trugen schwarz, um ihren Verlust zu bekunden. Unser Land wurde ein schwarzes Land.

Wir sahen Kinder in den Meeren sterben, als sie versuchten, den Bomben zu entkommen. Also bat ich die See um Behutsamkeit mit ihren winzigen Körpern. Es ist so schwer, mein Syrien zu lieben. Meine Tränen hören nicht auf zu fallen und mein Land fragt mich, ob ich es liebe. Meine einzige Antwort ist, ich liebe unser Land Syrien und lasse meine Seele dort zurück. Eines Tages will ich zurückkehren, für mein Land und meine Seele.

Diese Menschen, die nach Syrien mit ihren zurückgebliebenen Ideen und ihrem terroristischen Verhalten im Namen der Freiheit kamen, bekämpfen Technologie und Fortschritt. Sie bekämpfen die Zivilisation Syriens im Namen der Freiheit. Aber sie sind blind. Sie machen, was man von ihnen verlangt, ohne die Wahrheit zu kennen. Alles, was sie wollen, ist Geld.

Am 06.06.2016 um 17:45 Uhr wurde eine der bedeutendsten Kirchen Syriens, die Kirche der Orthodoxen, durch die Hände dieser Terroristen zerstört. Alles, was ich tun kann, ist für Syrien zu beten. Also bitte Gott, bewahre und schütze meine Seele und mein Land Syrien. //

Steckbrief
Leah Simms
Herkunftsland Gibraltar
Wohnhaft in Deutschland

Geburtsjahr: 1999
Hobbys: Malen, Deutsch lernen

Mein bester Freund

Du wärest ein Jahr diesen Monat geworden. Ich habe acht von zwölf wunderbaren Monaten mit dir verbracht und niemals würde ich mir wünschen, dass ich einen dieser Tage missen muss, weil jeder Moment, den ich mit dir verbracht habe, mein liebster war. Ich würde sagen, es bricht mein Herz, dich gehen zu sehen, aber in diesem Moment, in dieser Zeit, fühlt mein Herz sich mehr als gebrochen an. Du wirst immer ein Teil von mir sein und jetzt, da du aus meiner Welt gegangen bist, fehlt dieser Teil von mir. Ich habe dich geliebt und werde dich im Rahmen meiner Möglichkeiten immer lieben, aber für den Moment heißt es Auf Wiedersehen.

Für immer und immer deins.

Deine beste Freundin,

Leah //

Steckbrief
Broula Youhanon
Herkunftsland Syrien
Wohnhaft in Deutschland

Geburtsjahr: 2000
Hobbys: Musik hören

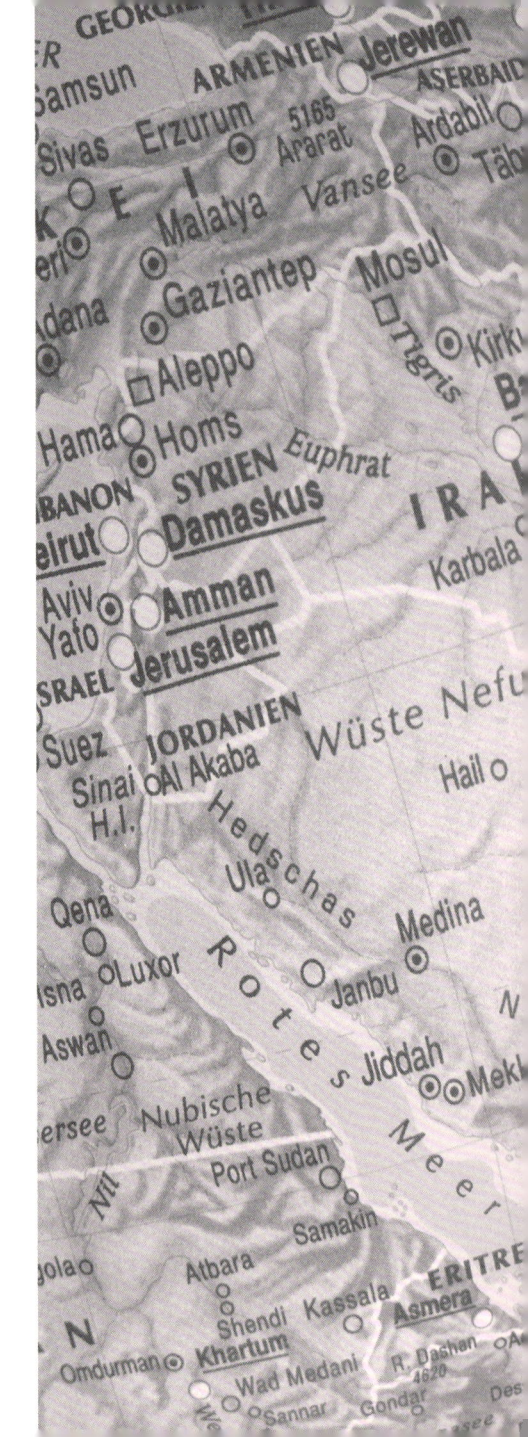

Frieden

- Es ziehen weiße Tauben übers weite Feld
  und verkünden Frieden auf der ganzen Welt …

- Sie ziehen ihre Kreise, bei Tag und auch bei Nacht.
  Damit es alle sehen, Syrien ist neu erwacht …

- Der Herr schickt tausend Engel zu uns nun herab,
  damit wir es erkennen, wie gerne er uns noch hat!

- Sie werden uns begleiten auf diesem schweren Weg,
  damit Syrien nie mehr im Krieg erbebt! //

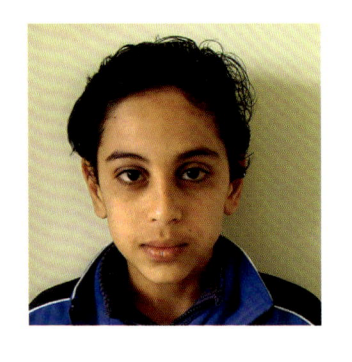

Steckbrief
Hadi Alsholi
Herkunftsland Syrien
Wohnhaft in Deutschland

Geburtsjahr: 2005
Hobbys: Fußball, Tennis, Musik hören

سوريا

السلام عليكم ورحمة الله أنا ا

لدت في سوريا بلدي الحبيب أعـ

لى المدرسة مع رفاتي وفي يوم المط

في يوم من الأيام أصبح في بلدي ا

فقدت أبي و أمي و أخي و أصبحت

بلدي الحبيب خطر مترر باقي أ

ي الأمان من الحرب مترونا الذهاب إ

لمانيا ذهبنا إلى تركيا ومن هناك ر

ليونان وهناك ذهبنا إلى الكمـ

لخارطة لنكمل رحلتنا إلى المانيا و

لى مقدونيا وهناك أكملنا المسير

ستقبلونا و أخذونا إلى بيوتهم و

لمدارس لنتعلم اللغة الالمانية و

طل و أعطونا أجمل الملابس و ا

Syrien

Hallo, mein Name ist Hadi Alsholi, ich bin 12 Jahre alt und in Syrien geboren. Ich habe mit meinen Eltern und meinen Brüdern dort zusammengelebt. Ich bin dort zur Schule und an den Wochenenden mit meinen Freunden in einen nahegelegenen Garten zum Spielen gegangen.

Eines Tages begann der Krieg in meinem Land. Mein Zuhause, meine Schule, meine Straße, alles wurde zerstört. Meine Eltern und mein Bruder starben im Krieg. Nun waren mein Bruder und ich auf uns alleine gestellt und da es nicht sicher in Syrien ist, entschieden wir uns, in ein sicheres Land zu gehen und wählten Deutschland.

Wir starteten unsere Reise in der Türkei und nahmen dann ein Schiff nach Griechenland. Wir blieben in einem Camp für viele Tage, bis wir eine Karte hatten und unseren Weg nach Deutschland fortsetzen konnten. Als wir dort ankamen, halfen uns die Deutschen. Sie haben uns ein Zuhause gegeben und wir dürfen eine Schule besuchen. An den Wochenenden nahmen sie uns mit an schöne Plätze, gaben uns schöne Kleidung und köstliches Essen.

Ich bin sehr dankbar für die Hilfe und das große Herz Deutschlands. //

Steckbrief
Maram Alsholi
Herkunftsland Syrien
Wohnhaft in Deutschland

Geburtsjahr: 2002
Hobbys: Deutsch lernen, Musik hören

أنا من سوريا عمري ١٤ سنة
كم قصتي الحزينة ال...
عام ٢٠١١ بداية المشكلة
بـ أبي و توفي. أبي معلم
عامو أول فرد من عائلتي
لم أعد أعته أحد بـ
أمي أخواني أخواتي و
مروع الحرب هذا الشكل و
يصف في حمص والتجأنا
ى الأخرى ورجعها الـ
ناح من عندنا العانات من
و ذلنا عاد القصف مجدد
القرية أميبة أمي وتوه
و شاءة من عائلتي أعلى و
أختي الكبرى بالغ
وضاع تسوءا أكثر ف
عائلتنا سوى أختي
دارا وضاع السية ون
تكلفة السفرة وضجنا
شكل مشرين مـ أذكر
لما ذهبنا إلى تركيا و

Die Geschichte über Syrien

Ich werde euch meine traurige Geschichte erzählen. Ich habe meine Familie im Krieg verloren. Der Krieg in Syrien begann 2011 und die Umstände wurden sehr schlecht. Mein Vater wurde verletzt und erlag diesen Verletzungen. Er war erst 43 Jahre alt. Er war der Erste in meiner Familie, der starb. Unsere Tage wurden sehr traurig und wir flüchteten von Haus zu Haus, von Dorf zu Dorf aus Angst vor Waffen und Bomben. Nach zwei Jahren des Weglaufens beruhigte sich die Situation und wir entschieden uns, in unser Haus zurückzukehren. Aber wir hatten kein Glück. Nach einem Jahr begann der Krieg aufs Neue und das Bombardement wurde schlimmer. Durch diese Bomben wurde meine Mutter verletzt und starb einige Tage später. Aber das war noch nicht alles, denn mein Bruder starb zur selben Zeit durch die Bomben. Wir verloren drei Mitglieder unserer Familie. Kein Erwachsener, der sich um uns kümmern konnte, lebte mehr, außer meiner älteren Schwester. Sie ist verheiratet und lebt mit ihrem Mann in Deutschland. Also entschlossen wir uns, zu ihr zu gehen.

Wir fingen an, Geld zu sammeln, um die Schleuser zu bezahlen. Unsere Reise dauerte einen ganzen Monat, bei sehr kaltem Wetter mit sehr wenig zu essen. Zuerst gingen wir in die Türkei, dann nach Griechenland. Von Athen ging es nach Mazedonien, dann Serbien und Kroatien, bis wir endlich in Deutschland ankamen, verdurstend und hungrig und unterkühlt.

Endlich leben wir in Deutschland, ohne Angst vor Bomben oder dem Tod. Wir leben in einem kleinen Haus, dort ist es warm, wir haben schöne Kleidung und eine gute Schule, wir haben alles, was wir brauchen. Wir versprachen uns, zusammenzuhalten und hart zu arbeiten, um uns eine Zukunft aufzubauen. Mein Vater, meine Mutter, mein Bruder, wir werden euch nie vergessen. Ihr werdet immer in unseren Herzen weiterleben.

Zu guter Letzt möchte ich Deutschland danken für die freundliche Aufnahme und die warmen Hände, die uns ein neues Leben ermöglicht haben. Danke, Deutschland … //

Steckbrief
Hividar
Herkunftsland Syrien
Wohnhaft in Deutschland

Geburtsjahr: 2002
Hobbys: Fußball, schwimmen

Freundschaft

Deine Freunde verraten dir, wer du bist. Deine Freunde sind deine Partner in Gedanken und dein Lebensweg. Wir alle suchen nach Freunden, die wie wir aussehen, sich wie wir benehmen und an die gleichen Dinge glauben. So können wir sicher und glücklich sein mit ihnen, denn sie verstehen, was wir wirklich brauchen. Alle Religionen fragen nach Freundschaften, die auf der Grundlage der Liebe und dem Guten gegründet sind.

Religionen erklären uns, dass Freundschaft ein Geschenk für das Bestehen der Menschheit ist. Viele Menschen glauben, dass es einfach ist, viele Freunde zu haben. Aber das ist falsch. Wenn du Ärger hast und in Not bist, können dir nur ein oder zwei Freunde wirklich helfen, das sind deine wahren Freunde. Wenn du Freunde hast, die für dich einstehen und die dir in harten Zeiten zur Seite stehen, kannst du glücklich sein und solltest gut auf sie aufpassen. Es gibt Millionen von Geschichten über Freundschaft, manche sind wahr und manche sind ausgetauscht. Aber alle Geschichten über Freundschaft sind schön zu hören.

Meine Geschichte geht über zwei junge Männer namens Jay und Fejay, sie gehen zusammen zur Schule. Um diese Schule zu erreichen, müssen sie einen Fluss überqueren und durch ein verstaubtes Land gehen. Eines Tages gingen die beiden gemeinsam zur Schule. Auf der Straße diskutierten sie über Atomkraftwerke und Fejay wurde sauer und schlug Jay. Auch Jay wurde wütend und schrieb in den Staub auf der Straße: "Heute hat mich mein Freund geschlagen, ich bin traurig."

Die beiden Freunde gingen ohne ein weiteres Wort zu sprechen weiter. Das Wetter war schlecht und es hörte nicht auf zu regnen. Sie mussten den Fluss überqueren und Jay bekam keine Luft mehr, er konnte nicht schwimmen. Ohne darüber nachzudenken, sprang Fejay in den Fluss und half Jay, auf die andere Seite des Ufers zu gelangen. Jay war sehr glücklich, als er seinen Atem wiederhatte und schrieb auf den Stein: "Heute hat mein Freund mir das Leben gerettet, ich bin sehr glücklich."

Sein Freund war sehr überrascht und fragte ihn: "Warum schreibst du in den Staub, wenn ich dich schlage und auf den Stein, wenn ich dir helfe?"

Jay antwortete: "Weil der Staub mit dem Wind weggeht und ich vergessen werde, was passiert ist. Aber der Stein bleibt für immer, und jeden Tag, wenn wir zur Schule gehen, werde ich mich daran erinnern, dass du mein Leben gerettet hast."

Wenn wir einen guten Freund haben, sollten wir die schlimmen Dinge ziehen lassen und uns an die guten Dinge erinnern. Dann haben sich Fejay und Jay umarmt und gingen weiter zur Schule, als wäre nichts passiert. //

معاذ الحمصي من الشام

Steckbrief
Nagham Alatia
Herkunftsland Syrien
Wohnhaft in Deutschland

Geburtsjahr: 2000
Hobbys: Kochen

(قصة عن الأمانة)

ب قديم الزمان تاجر عُرف بأمانته فـة

ته، ويمنع الخوف من عذاب الله وعقـ

ـ الجارية التي كان يَوم بها هذا

ستقرار داخل بلدته ليرتاح من عناء ا

التدهور والتراجع إلى الخلف نتيجة ك

ـاء السفر بعد أن قام ببيع مبلغ ـ

هل يوّد بيع بيته فهو يبحث عن بيـ

ليكون مناسباً لمكانته وثروته الطـ

ـت والتاجر يعيش فرحاً في داره الجـ

ـرت على باله فكرة وهو ينظر إلى أه

لوقمت بهدم هذا الحائط لحصلت عـ

ـوسع وبالفعل قام التاجر بمسك الفأس

رأى شيئاً عجيباً! فقد عثر تحته عـ

ـب، صاح التاجر يا إلهي كنز عظيم

Eine Geschichte der Ehrlichkeit

Es war einmal ein Händler, der für seine Ehrlichkeit bekannt war. Er war ein treuer Mann, der Angst hatte vor dem Ruin. Als er auf einer Geschäftsreise war, dachte er daran, sich in ein Land niederzulassen, da er alt und krank wurde. So begann er nach einem Haus zu suchen, bis er ein schönes in einem wunderschönen Land fand. Er lebte dort einige Jahre glücklich mit seiner Familie. Eines Tages saß er und schaute auf eine Wand in dem Haus und entschied sich, diese niederzureißen, um mehr Platz zu haben. Am nächsten Tag, während er dabei war die Wand niederzureißen, war er sehr überrascht, als er einen großen Schatz versteckt in der Wand fand. Er schrie: „Oh mein Gott, was für ein großer Schatz."

Er sagte sich, dass er den Schatz zu dem früheren Besitzer des Hauses bringen musste. Am frühen Morgen des nächsten Tages nahm er ihn und machte sich auf den Weg zu dem Haus des vorherigen Besitzers. Als der Händler dem Mann den Schatz überreichen wollte, sagte dieser: „Das Geld ist nicht für mich, du solltest es nehmen, weil du es gefunden hast." Die zwei ehrlichen Männer stritten um den Schatz und entschieden sich, zu einem Richter zu gehen. Der Richter hörte die beiden Männer an und begann zu lachen. Dann sagte er: „Es ist überraschend, dass zwei Männer sich darüber streiten, einen Schatz nicht zu nehmen, anstatt darüber zu streiten, wer ihn bekommt." Nach ein paar Minuten fragte der Richter die beiden Männer, wie viele Kinder sie hätten. Der Händler sagte, er habe eine einzige Tochter und der ehemalige Besitzer des Hauses antwortete, dass er einen jungen Mann als Sohn habe. Darauf sagte der Richter: „Lassen Sie Ihre Tochter den jungen Mann heiraten und gebt ihnen den Schatz." Die beiden Männer akzeptierten dies und erzählten es ihren Familien, die es ebenfalls akzeptierten. Der junge Mann heiratete die Tochter und sie lebten glücklich bis an ihr Lebensende … //

Steckbrief
Abdullah Abdullah
Herkunftsland Syrien
Wohnhaft in Deutschland

Geburtsjahr: 2004
Hobbys: Fußball

Todestrip

Wir haben sicher und glücklich in unserem schönen Land gelebt, sind zur Schule gegangen, haben mit unseren Freunden gespielt und hatten Spaß. Eines Tages begann der Krieg in unserem Land, unsere Schule wurde zerstört und die Sicherheit verschwand. Wir entschieden uns, unsere Erinnerungen, unser Zuhause und unsere Freunde zu verlassen, um unsere Seele vor dem Tod zu bewahren. So begannen wir unsere Reise.

Wir verließen mitten in der Nacht unser Haus bei eiskaltem Wetter, hörten plötzlich Flugzeuge, die Bomben abwarfen und rannten davon, ließen unser Essen auf dem Boden zurück. Wir gingen etwa zwei Stunden ohne Essen und kamen schließlich zu einem Dorf. Dort klopften wir an Türen, um Essen zu bekommen und nahmen die kleinen Dinge, die sie uns gaben. Als wir versuchten in die Türkei zu gelangen, schoss die türkische Polizei auf uns. Wir bekamen Angst und gingen zurück zur syrischen Grenze. Wir blieben dort für drei Tage und aßen ungesundes Essen, bevor wir erneut zurück zur türkischen Grenze wollten. Wir gingen etwa drei Stunden in der Dunkelheit und versteckten uns in einem alten Haus, bis wir zu einer Stadt kamen. Dort nahmen wir ein Auto, aber der Fahrer wollte viel Geld für den Transport haben und nutzte seinen Vorteil aus. Uns blieb nichts anderes übrig, als ihn zu bezahlen und er brachte uns zu unseren Verwandten in Orfa. Wir blieben in ihrem Haus für zehn weitere Tage und nahmen dann einen Bus nach Istanbul. Nach zwei Tagen hörten wir, dass ein Mann dort Menschen über das Meer nach Griechenland brachte. Wir haben diesen Mann angerufen, er wollte 5000 Dollar für den Transport. Wir haben ihn bezahlt, weil wir keine Wahl hatten.

Mitten in der Nacht holte er uns mit einem Auto zum Strand ab, wir fuhren acht Stunden. Nach der Ankunft waren wir sehr überrascht. Er brachte uns zu einem Boot, das für 20 Personen ausgelegt war, wir aber waren 40 Personen. Auf See hatten wir große Angst zu sterben, denn mit jeder Welle begann das Boot von links nach rechts zu wanken und die Menschen fingen an zu schreien. Als wir an der griechischen Küste ankamen, half uns das Rote Kreuz und brachte uns zu einem Lager. Sie gaben uns Kleidung, da unsere dreckig war und Essen, weil wir Hunger hatten. Nach zwei Stunden Aufenthalt brachte uns das Rote Kreuz zu einem größeren Lager, dort waren viele Menschen und wir verbrachten eine Nacht dort. Am nächsten Tag nahmen wir das Schiff nach Athen und von dort aus den Bus zur mazedonischen Grenze. Auch dort waren viele Menschen und warteten auf die Einreise nach Mazedonien. Bei schlechtem und kaltem Wetter gingen wir nach Serbien und wurden dann nach Österreich gebracht. Zuletzt nahmen wir einen Bus nach Deutschland.

In Deutschland haben wir Essen, Kleidung, einen Ort zum Leben und eine Schule zum Lernen. Wir sind dort sicher und glücklich. //

الحرس التركي فدركنا بسرعة واختبأنا في بيت
مهجور إلى أن ذهب المدرس التركي فخرجنا من
البيت بحثنا عن واسطة نقل إلى وسط تركيا فوجدنا
سيارة فاستخدمناها وأخذ منا نقودا كثيرة ومضينا
في الطريق فبقينا ثماني ساعات في السيارة إلى
أن وصلنا إلى أقاربنا يسكنون في أورفا فبقينا
عندهم عشرة أيام في الفرح وفي اليوم التالي
يوم الجمعة ركبنا القافلة مع وصلنا اسطنبول فنزلنا
عند اصدقاء لنا وبعد يومين سمعنا أن هنالك شخص
ينقل الناس من تركيا إلى الجزيرة اليونانية
في قارب مقابل أخذ عن كل شخص ألف دولار
فعائلتي تتكون من ثمان أفراد فطلب منا حوالي
ثمانية آلاف دولار لكي ينقلنا بقارب مقابل
رغم الخوف وقلة النقود وافقنا على ذلك فاتفقنا
على أن يركب بهذا القارب عشرون شخص فأخذنا
هذا الرجل في قافلة صغيرة فبقينا نسير بها سبع
ساعات إلى أن وصلنا نقطة الأنطلاق من الشاطئ التركي
إلى الجزيرة اليونانية وعندما أتينا لنركب هذا القارب
أعطانا ظهرا فتفاجئنا أن هنالك أشخاص كثيرون حوالي
الأربعين شخص والقارب لا يسع سوى ثلاثون شخص
فخاف ولدي أن لا نصعد في هذا القارب فلم نستطع
فركبنا في هذا القارب أعطانا في البحر العائج
وأبحثنا نحو الجزر اليونانية ونحن نبكي من شدة الخوف
والموج بأخذ ما تعنينا يسارا وعندما وصلنا المياه
الأقليمية بعد معاناة كبيرة وصعبة جدا فألقينا المؤن
ينتظرنا في هذه المياه وبعدها بدأت الأصوات
تتعالى وتصرخ ونحن نشعر بأي لحظة سنغرق ونموت
وقبل أن نصل أتى الصليب الأحمر ورافقنا إلى

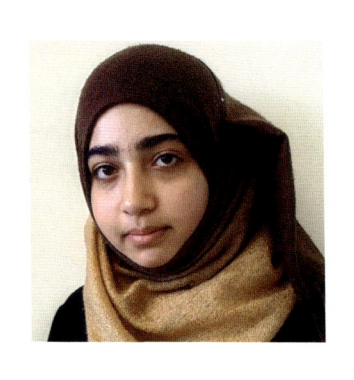

Steckbrief
Nour Abdullah
Herkunftsland Syrien
Wohnhaft in Deutschland

Geburtsjahr: 2002
Hobbys: Schreiben

دور الكنية: عبدالله
أب: سعود اسم الأم: غـ
ميلاد: 25/7/2002 ال
الوضع في سوريا ورحله
يوماً من الأيام أن نغادر بلدنا
ولم يخب انا سنعيش خارج قد
كنا نعيش في امان ولم يكن لنا
عداء حيث كنا نلعب مع أمهاتنا و
حب البيع ويأتون الينا وبدأت
بعض الناس وطالبت بالحرية
أحداً أن الأمور ستسود إلى دراع
الأمور بالمظاهرات السلمية بدا
قد أت الاعتقالات دخال الجي
خاو شيئاً فشيئاً بدأت سوداء
دراصدة واحدة من قبل المدنسة
الناس بعد اعتقالهم وبدأ اطلاق
شيئاً بدأ رد من قصف أحد له أود
تبست الدمرفيت كل هذه الأعداد
التلفاز ولم يكن هم ء ا همرا كان
نا هرون كل يوم جمعة بالمناسبات
بعدما أعمت المظاهر بالقتل ودمه
قصصنا بالمعاناة حيث بدأ نوقظ على
لاسعار بالغلاء شيئاً فشيئاً وك
لم منازلنا هم بدأوا باطلاق فانت النا
رقة والسنان حيث حيث حرب بداية الـ
لنا بقينا قرابة العشرة أيام بدون
فترش الأرض ونلتحف بالسماء
بيننا للماء و لا كهرباء تأعلينا د
مع البيوت و المدارس بالطيران
ونوحهاً نقصف بأي لحظة

Situation in Syrien und die Todesreise

Wir hätten nie gedacht, dass wir Syrien eines Tages verlassen würden. Wir liebten unser Land und die Stadt, in der wir gerne und friedvoll lebten. Dort war unsere Familie und dort waren unsere Freunde, mit denen wir gespielt haben. Wir haben uns gegenseitig besucht und hatten unseren Spaß zusammen.

Am Anfang gingen einige Leute auf die Straße, protestierten öffentlich für Freiheit und Gleichberechtigung, niemand hätte gedacht, es würde jemals so schlimm werden. Der Krieg begann, als die Polizei die Leute, die auf der Straße Freiheit und Gleichberechtigung forderten, verhaftete und begann, diese Leute zu töten. Das war etwa sechs Monate nach den ersten Kundgebungen. Ab dann wurde es immer schlimmer, beide Seiten hatten sich mittlerweile mit Schusswaffen und Bomben ausgestattet.

Zunächst haben wir das im Fernsehen gesehen, bis der Krieg auch unser Dorf erreichte. Erst wurden unsere Häuser von Strom, Heizung und Wasser abgeschnitten, aber wir blieben in unseren Häusern. Als die ersten Flugzeuge begannen unser Dorf zu bombardieren, sind wir in die Berge gelaufen und haben zehn Tage auf der Erde unter den Bäumen geschlafen. Wir sind wieder zurückgegangen, um nach unserem Zuhause zu schauen. Als wir gesehen haben, wie die Flugzeuge unsere Schule zerbombt haben, hatten wir Angst, dort zu sterben. Unsere Tage wurden schlimmer, wir hatten Angst zu schlafen. Als es den Flugzeugen gelang, unser Haus zu zerstören und Menschen um uns herum tot zu Boden gefallen sind, sind wir nur noch aus der Stadt gelaufen. Wir hatten gehofft, bald zurückkehren zu können. Mehrere Monate haben wir in Alraka verbracht, aber der Krieg hörte nicht auf, er wurde schlimmer und schlimmer. Die Bombardierung hörte nicht auf. Wir wollten leben und entschieden uns, einen sicheren Ort aufzusuchen, kamen aber nicht über die Grenze.

Schlussendlich haben wir uns für die Todesreise entschieden, nicht, weil wir wollten, sondern weil wir keine Wahl hatten. Mein Vater hat einem Schmuggler sehr viel Geld gegeben. Wir wussten nichts über diesen Mann, außer, dass er sich Aboahmad nannte. Er entschied über den Weg, die Zeit und die Anzahl der Menschen, die er mitnehmen würde. Wir konnten nur unsere Kleider und wenige, leichte Nahrungsmittel mitnehmen, da wir einen sehr weiten Weg zu Fuß zurücklegen mussten.

Das Auto war für acht Personen gedacht, wir waren 20 und man konnte kaum atmen. Wir erreichten eine Gegend um Alraee, wo wir nach zwei Stunden Fußmarsch überrascht waren, auf die Polizei zu treffen. Enttäuscht gingen wir bei kaltem Wetter zurück. Am nächsten Morgen versuchten wir einen anderen Weg, wo wir vier Stunden gingen. Als wir Schüsse hörten, versteckten wir uns auf einem Bauernhof, den der Schmuggler kannte. Wir blieben dort zwei Tage. Das war sehr hart, da wir nichts zu essen und keine warme Kleidung hatten.

Der Schmuggler hatte die Polizei bestochen und so konnten wir am nächsten Tag in die Türkei einreisen. Wir gingen mehrere Stunden zu einer Bushaltestelle, von wo aus wir 20 Stunden durch unzählige Orte fuhren, bis wir Istanbul erreichten. Als 100 Leute zusammen waren, brachte uns ein afrikanischer Schmuggler in Booten zu je 20 Personen nach Griechenland. Es war sehr kalt, das Meer war zum Glück ruhig. Wir kämpften gegen den Tod und die Kälte. Es war starker Wind, sehr neblig, das Meer wurde unruhig und das Boot schaukelte stark mit den Wellen. Kleinere Kinder, die neben mir saßen, bekamen Angst und ich beruhigte sie mit den Worten, dass das eine sichere Reise sei. In Wahrheit hatte ich selbst höllisch Angst.

Schlussendlich erreichten wir einen Strand, wo das Rote Kreuz uns in Empfang nahm. Man gab uns Kleidung und etwas zu essen. Dann brachte man uns in ein Lager, wo man unsere Personalien aufgenommen hat. Am nächsten Tag ging es weiter nach Athen, dann Mazedonien. Eine Stadt nach der anderen, bis wir in Deutschland angekommen sind.

In Deutschland gab uns das Rote Kreuz alles, was wir wollten und brachte uns in ein Camp. Ein Mann kam, nahm wieder unsere Personalien auf und brachte uns in einen kleinen Ort mit dem Namen Herschbach.

Nun geht es uns gut. Wir sind sicher und können wieder Freude haben. Die Menschen in Deutschland sind so freundlich. Wir können wieder in einem richtigen Haus wohnen und wir können auch wieder zur Schule gehen.

Von meinem ganzen Herzen möchte ich den deutschen Menschen danken. Ich hoffe, dass wir eines Tages wieder nach Hause können und dort wieder friedlich leben können. //

Steckbrief
Ali Kalou
Herkunftsland Syrien
Wohnhaft in Deutschland

Geburtsjahr: 2000
Hobbys: Tanzen, schwimmen

2016 . Juni . 6 الحرب

علي قد بلغ الآن من العمر ويملك اربعة
اخته الكبرى تدعى روناهي وثمانو
ا يعيشون في المدينة عامودا وفي
ـ الى بيتهم في القرية . علي كان
ـ حيوانات واصدقاء حبين جداً كأنهم
ي الصباح الباكر لينصب إلى الحظيرة النج
ـ البيض تبيضهم عليه الدجاجات ويسر
مسروراً جداً . ذهب علي إلى اصدقا
ـ ألعاب اخرى ويمرحون طوال الوقت
أصدقائه أنه سوف يذهب إلى خارج
حزن علي كثيراً لأن سوف يفارقه
المنزل حزين ويفكر أن أحد أصدقاء
البلاد . وحد مرور الأيام قرر أهله أن
ـ في أول الأحداث ولا أرف ماذا سيحد
ـ وحياة جميلة لهم ، و بدا يتألم

Überleben

Diese Geschichte handelt von Ali und seiner Familie. Ali ist 16 Jahre alt. Er hat vier Schwestern und einen Bruder. Er heißt Dejwar. Die älteste Schwester heißt Ronahi. Die anderen: Mnor, Ghazal, Ronida. Sie lebten in einer Stadt namens Amuda. Die Ferien verbrachten sie in einem Dorf, wo sie ein kleines Haus hatten. Ali mochte das Dorf lieber als die Stadt, weil er dort Tiere hatte und viele Freunde, die für ihn wie Brüder waren. Eines Tages wachte Ali früh auf und ging in den Stall, um Hühnereier zu holen. Als er die Eier berührte, pickte die Henne nach ihm. Er schnappte sich die Eier und rannte. Er freute sich, dass er die Eier fürs Frühstück hatte. Später besuchte Ali seine Freunde. Sie fuhren mit den Fahrrädern herum und spielten irgendetwas. Jeder Tag war schön. Eines Tages sagte einer seiner Freunde: „Wir verlassen das Land. Die Lage in Syrien ist sehr schlecht." Ali ging nach Hause und war den ganzen Abend sehr traurig, dass sein Freund weggehen würde. Einige Tage später beschloss auch seine Familie, fortzugehen. In den Libanon. Alis Vater sagte: „Der Krieg beginnt, und ich will, dass wir in Sicherheit sind. Ich weiß nicht, was hier passieren wird. Und ich will ein gutes Leben für euch." Dann verkaufte er unser Haus.

Ali und seine Familie gingen in den Libanon. Dort mieteten sie eine Wohnung an. Der Vater fand eine gute Arbeit. Die Kinder gingen zur Schule, die älteste Schwester zur amerikanischen Uni. Einige Monate zuvor war Alis Vater mit Zahnschmerzen zum Arzt gegangen. Der Zahnarzt sagte, der Zahn muss raus. Dann checkte er den Gesundheitszustand des Vaters und zog den Zahn. Dabei hatte er eine Ader verletzt und seine Augen wurden schlechter. Er besuchte viele Ärzte, aber keiner konnte ihm helfen. Im Laufe der Monate konnte er immer weniger sehen. Schließlich konnte er nicht mehr arbeiten gehen. Und die Familie hatte kein Geld mehr. Jemand von der Schule rief an und sagte, die Kinder könnten nicht mehr in die Schule kommen. Und die große Schwester musste die Uni verlassen. Dann arbeiteten die Kinder in einer Fabrik, wo Kleider hergestellt werden. Ali arbeitete mit Aluminium. Der Lohn war sehr gering. Aber sie hatten keine Wahl. Einige Zeit später rief ein Verwandter an.

„Kommt nach Deutschland. Eure Situation im Libanon ist sehr schlecht."
„Wie?", fragte Alis Vater.
„Erst in die Türkei und dann mit dem Boot nach Griechenland."
„Aber das ist gefährlich", sagte Alis Vater.
Er legte auf. Tag für Tag verschlechterte sich ihre Lage. Dann beschlossen sie, nach Deutschland zu gehen. Sie hatten keine Wahl.

Sie erreichten die Türkei. Dann wählte Alis Vater die Nummer von einem Schlepper, die er von einem Freund in Deutschland bekommen hatte. Der Schlepper brachte sie zu einem Haus. Nach ein paar Tagen machten sie sich auf den Weg zum Meer. Das Wasser war ruhig. Der Schlepper sagte: „Morgen früh werden wir nach Griechenland fahren." Am Morgen ging es dann auch los. Der Schlepper sagte: „Habt keine Angst. Heute ist es nicht windig, das Wetter ist gut." Er erklärte, dass es viele vor ihnen auch geschafft hätten. Dass sie nicht ertrinken würden. Aber Alis Vater hatte trotzdem Angst. Deshalb kaufte er einige Autoreifen als Rettungsringe. Sie zogen auch Schwimmwesten an. Zur Sicherheit. Auf etwa halber Strecke kam ein Sturm auf und die Wellen schlugen sehr hoch. Die Leute an Bord schrien. Die Schlepper sagten: „Keine Panik, das Boot geht nicht unter." Ungefähr zweihundert Meter von der Küste entfernt, kam Wasser ins Boot. Das Boot hatte ein Leck. Alle schrien. Sie riefen um Hilfe Richtung Küste, aber niemand antwortete. Die Leute sprangen ins Wasser. Aber die Wellen trugen sie noch weiter von der Küste weg. Ali wollte in dem Reifen an Land schwimmen, aber seine Familie hielt ihn davon ab. Sein Bruder Dejwar weinte. „Wir werden sterben", sagte er. Sein Gesicht war gelb. Die Leute im Boot warfen alle ihre Sachen ins Wasser, damit das Boot leichter wurde.

Alle riefen durcheinander und weinten. „Wir werden ertrinken", riefen sie. Eine Stunde lang ging das so. Dann sahen sie ein großes Schiff, das ihre Richtung eingeschlagen hatte. Als es bei ihnen ankam, sagten die Leute an Bord: „Beruhigt euch! Wir müssen erst noch anderen Leuten helfen, dann kommen wir zurück zu euch." Sie sprachen Englisch. Dann fuhren sie wieder weg. Ali und ein paar andere haben übersetzt. Schließlich kam das Schiff zurück. „Zuerst die Kinder und Frauen, dann die Männer!" Die Leute waren froh. Sie wurden aus dem Wasser geholt und an Land gebracht. Sie wurden getragen. Dann wurden sie zum Roten Kreuz begleitet. Dort bekamen sie neue, trockene Kleider. Ali konnte seine Größe nicht finden. Deshalb trug er Sachen, die viel zu groß waren. Es war sehr kalt. Dann mussten sie zur Polizei gehen. Über Nacht blieben sie in einem Camp. Am nächsten Tag wollten Ali und seine Familie Fahrkarten kaufen, um von der Insel auf das griechische Festland zu fahren. Aber es gab keine Tickets mehr.

„Kommt morgen wieder!"

„Ok", sagten sie. Dann wurden sie in ein Hotel gebracht. Dort ruhten sie sich von der schrecklichen Reise aus. Am Morgen liefen Ali und seine Familie zum Hafen, wo das große Schiff lag. Es waren furchtbar viele Menschen da.

Alis Vater sagte: „Wir müssen uns an den Händen halten". Er hatte Angst, dass sie sich verlieren würden. Als sie in Griechenland ankamen, machten Journalisten Fotos von ihnen und sagten „Willkommen". Dann ging die Reise weiter. Ali und seine Familie durchquerten viele Länder: Mazedonien, Serbien, Kroatien, Slowenien, Österreich – und schließlich Deutschland.

Als sie in Deutschland ankamen, waren sie sehr müde. Einige Leute sagten „Willkommen". Andere schauten sie böse an. Nach ein paar Tagen hatten sich Ali und seine Familie etwas ausgeruht. Sie stellten fest: Die Menschen mögen hier keine Flüchtlinge. Wegen der Ereignisse in Köln, als einige Flüchtlinge deutsche Mädchen belästigten. Das ist etwas ungerecht, denn nicht alle Flüchtlinge tun so was. Es ist nicht richtig zu sagen: Alle Flüchtlinge sind schlecht. Vor ein paar Monaten sind Ali und seine Familie in ein Haus umgezogen. Das Haus ist sehr schön. Aber in dem Dorf gibt es keinen Supermarkt. Auch kein Krankenhaus. Einige Tage nach ihrer Ankunft lernten die Kinder zwei Schwestern kennen. Eine heißt Jessica, die andere Kasantago. Sie wurden Freunde. Ali und seine Geschwister können sich zwar nicht so gut mit ihnen verständigen, weil sie kein Deutsch sprechen, aber sie haben das Gefühl, dass die beiden Schwestern sie mögen und unterstützen. Ali bringt sich selbst Deutsch bei. Er findet die Sprache sehr schwer, aber er gibt nicht auf. Seine Lehrerinnen, Frau Schiller und Frau Yilmaz, helfen ihm. Seine neuen Freunde auch. Deshalb findet Ali, dass Deutschland jetzt seine Heimat ist. Nicht mehr Syrien. Hier gibt es einen Sinn für Menschlichkeit, findet er. Es ist friedlich. Ali fühlt sich wie ein Teil einer Familie. //

Steckbrief
Noran Alatia
Herkunftsland Syrien
Wohnhaft in Deutschland

Geburtsjahr: 2004
Hobbys: Malen

Nächstenliebe

Es war einmal vor langer Zeit ein alter Mann, der mit seinem Sohn sprach. Plötzlich klopfte jemand hart an der Tür. Als der junge Mann die Tür öffnete, platzte ein Fremder wütend hinein und schrie den alten Mann an: „Gib mir mein Geld. Ich habe genug von Dir." Der junge Mann war traurig, seinen Vater in einer solchen Situation zu sehen. Also ging er in sein Zimmer und nahm sein eigenes Geld, um es dem Fremden zu geben. „Das ist ein Teil Deines Geldes und gib mir eine weitere Woche, um Dir den Rest zurückzuzahlen. Eine Bedingung ist, dass Du nicht mehr hierhin kommst." Der Fremde akzeptierte das Angebot und der Vater begann zu weinen und forderte seinen Sohn auf, sein Geld wieder an sich zu nehmen. Dieser verneinte. Eigentlich sparte der Sohn das Geld hart für seine Hochzeit, doch er zahlte die Schulden seines Vaters. Der Sohn sah seinen Vater an und sagte: „Du bist viel wertvoller und kostbarer als alles andere." Der alte Mann begann erneut zu weinen und bat den Herrn, den Weg seines Sohnes zu beschützen und zu behüten.

Am nächsten Tag, als der junge Mann auf dem Weg zur Arbeit war, traf er einen alten Freund. Dieser erzählte ihm, dass er einen ehrlichen Mann für die Führung einer Fabrik suche. So sollte der junge Mann seinen Job kündigen und mit seinem alten Freund kommen, damit dieser ihm die Fabrik zeigen konnte. Zusammen gingen sie zum Eigentümer der Fabrik und sprachen mit ihm. Der junge Mann arbeitete schließlich in der Fabrik, bezahlte die Schulden seines Vaters und heiratete. Der junge Mann war der Meinung, dass dies nur wegen den Gebeten seines Vaters möglich wurde … //

Steckbrief
Mais Alhamed
Herkunftsland Syrien
Wohnhaft in Deutschland

Geburtsjahr: 2003
Hobbys: Ich mag schwimmen

من سوريا من محافظة حلب والدي الرهاب إلى محافظة هناك الظروف جيدة نوعاً ما اقامة هناك اصبحت ظروفنا سيئة فقررنا العودة إلى حلب لوالدي بالعودة إلى عمله سنة وقد درست خلالها الصف ست جيدة لأن البيت الذي كنا لقت اشتباك بين الفصائل قط القذائف بشكل يومي كان لدي امتحان وإذ بقذيفة دراستة ولكن الحمدالله لم يصب دنئة قرر والدي أن نخرج خارج كيا تم المجيء إلى المانيا بعد 8/10/2015 دخولنا عبر لبنان بالامان الذي فقدته في والحرب وبعد يومين من وصولنا ومن أصعب المراحل في طريقنا إلى لنا المهرب أن ننتظر في إحدى بارداً وماطراً مظلماً عندها عرفت م فيه في سوريا مع ذلك ماكان عندها وفي ساعة من ساعات تركت بنا إلى مكان مجهول وحوالي اثنا عشر ساعة وصلنا ى نبحر منه وعند ظهور شمس عن وساقنا إلى القارب هي (بلم) ركنا حوالي 40 شخص وبعد ذناذ كبير

Unsere Flucht

Mein Name ist Mais Alhamed aus Syrien. Meine Heimatstadt heißt Aleppo. Ich bin 13 Jahre alt. Zu Beginn des Krieges haben meine Eltern entschieden, dass wir in die Stadt Ladekea in Syrien gehen. Dort war es anfangs sicher, doch nach zwei Jahren brach auch dort der Krieg aus und wir gingen zurück nach Aleppo. Mein Vater nahm seinen Job wieder an und ich ging wieder in die 7. Klasse meiner alten Schule. Aber auch Aleppo war nicht sicher für uns, mein Zuhause war eine Kriegsregion. Eines Tages hatte ich eine Prüfung, doch plötzlich passierte etwas in der Schule. Nur weil es Gott gibt, ist niemandem etwas passiert. Am 08. Oktober 2015 entschied mein Vater, Syrien zu verlassen und für unsere Familie einen sicheren Ort zum Leben zu finden. Noch am gleichen Tag verließen wir Syrien, kamen über den Libanon in die Türkei und blieben dort für zwei Tage. Dann waren wir bereit für unsere gefährliche Fahrt über das Meer. In der Nacht sagte uns der Schmuggler, dass wir an einem dunklen Ort auf ihn warten sollten. Dort angekommen fühlte ich mich unsicher wie in Syrien. Dann kam er und brachte uns zwölf Stunden mit dem Auto an den Platz, an dem das Schiff lag. Das Schiff war ausgelegt für zehn Personen, aber wir waren vierzig Personen. Ich war sehr ängstlich, vor allem als das Schiff auseinanderbrach, aber einer der Passagiere hat es wieder reparieren können. Das Boot hielt viele Male an. Vor der türkischen Küste wollte uns ein Wärter anhalten, aber wir haben unseren Weg bis zur griechischen Küste durchgehalten. Wir blieben in Griechenland für zwei Tage und gingen bei schlechtem Wetter zehn Stunden nach Athen. Dann kam die UN und brachte uns zu einem Camp. Von dort aus reisten wir von Land zu Land, bis wir schließlich am 27. Oktober 2015 in Deutschland ankamen. Dort brachte uns die Polizei Essen und Trinken, sie haben uns gut behandelt und wir lebten zwanzig Tage in einem Camp. Dann kamen wir nach Meinborn. Die Leute dort waren sehr nett und freundlich und haben uns bei so vielen Dingen geholfen.

Nun gehe ich in die Nelson-Mandela-Schule. Ich traf dort syrische Schüler und Lehrer, ebenso deutsche Schüler und Lehrer. Ich habe angefangen, Deutsch zu lernen und beginne ein neues Leben. Danke, Deutschland ... //

Steckbrief
Ronida Kalou
Herkunftsland Syrien
Wohnhaft in Deutschland

Geburtsjahr: 2002
Hobbys: Tanzen, Fußball, schwimmen

Emily of New Moon

نبذة عن القصة :

توفي والد ايملي الذي ترك هذ
الحياة القاسية ذات موهبة الكت
خبر وفاته إلى أهل والدتها وهم
ما ، وبدأ يطلق الإحكام عليها .
ل ايملي ذلك بل قالت " أنا
و بدأ آل موري كل يريد الفرا.
ووضع قرعه لكي تختار هواف
عندها سحبت ايملي الورقة قالت
سوف يعتني بريده الصغيرة .
هذا ذهبت ايملي الصغيرة التي
إلى المزرعة القمر الجديد ، ولكن
رحيل .
والدة ايملي تريد الزواج من
افق لفقره فاتخذت جدتيت ق
انقطعت أخبرها خرج وطاهي
..

الاسم : ايملي بارد دقلاس
العمر : 11
الموهبة : الكتابة
الأحلام : تريد أن تصير كاتبة

Emily im neuen Mond

Emily's Vater stirbt und lässt sein einziges Kind alleine zurück in diesem harten Leben. Emily hat eine Gabe, sie schreibt in den schönsten Worten. Die Familie ihrer Mutter nimmt sie mit in ihr Zuhause, was Emily schwer erträgt.

„Ich bin Emily, ich bin nicht wie jemand anderes." Die Morrys, die Familie ihrer Mutter, gerät in Streit, wer wohl das junge Mädchen großziehen sollte. Man entschied sich, in einem Spiel zu ermitteln, wer künftig die Verantwortung für Emily tragen sollte. Ihre Tante wurde ärgerlich und entschied, Emily alleine großzuziehen. Emily gefiel das gar nicht, aber sie war zu jung, um etwas dagegen unternehmen zu können, so ging sie mit ihrer Tante zu deren Bauernhof, die man den Mond-Hof nannte. Emily's Mutter Jouleat heiratete Douglas gegen den Willen ihrer Familie und starb bei Emily's Geburt.

Die Menschen in Emily's Leben:

Name: Emily Bard Douglas Star
Alter: 11
Gabe: Schreiben
Traum: Berühmte Schriftstellerin werden, humorvolles junges Mädchen sein
Sie verfügt über sehr viel Phantasie und kann Gedichte und Geschichten schreiben, die die Menschen staunen lassen. So etwas hätten sie von einem so jungen Mädchen nicht erwartet.

Name: Swzy Barely
Alter: 11
Gabe: Schauspiel
Traum: Schauspielerin werden
Zu Beginn hasste sie Emily, weil sie sie für die verwöhnte Tochter einer reichen Familie hielt. Sie und Emily werden beste Freunde. Zunächst fiel es ihr schwer, sich die Texte für die Stücke zu merken. Aber Swzy war ein starkes Mädchen, sie überwand ihre Nervosität. Sie war ein gutes Mädchen mit einem reinen Herzen, das den Menschen vergeben konnte, die sie zurückgelassen haben.

Name: Tedy Kennst
Alter: 11
Gabe: Malen
Traum: Maler werden
Tedy ist ein talentierter junger Mann und ausgezeichneter Maler. Er ist sehr süß, hat ein gutes Herz.
Seine Mutter hat ihn vom Malen abbringen wollen, aber er liebte es zu sehr. Er malte heimlich und ging nach Paris, um dort Malerei zu studieren und ein großer Maler zu werden.

Name: Peary Miller
Alter: 11
Traum: Anwalt werden
Peary arbeitet als Knecht auf dem Bauernhof der Familie Morry. Er ist ein sehr aktiver und sehr fleißiger junger Mann. Zunächst war er eifersüchtig auf Tedy, da Emiliy Tedy mochte. Er bat seine Tante, ihn zu unterrichten, aber sie lehnte ab. Er begann heimlich zu lernen, bis seine Tante ihm erlaubte, die gleiche Schule wie Emily zu besuchen. Er reiste mit Swzy und wurde Anwalt.

Name: Douglas Star
Gabe: Schreiben
Der verstorbene Douglas war Emily's Vater. Er war ein bescheidener Mann und wundervoller Schriftsteller. Er hat Emily viele gute Weisheiten mit auf den Weg gegeben und sie ermutigt, nach seinem Tod stark zu bleiben. Er heiratete ihre Mutter Jouleat, obwohl er aus einer armen Familie stammte.

Name: Elizabeth Morry
Alter: unbekannt
Tante Elizabeth ist eine sehr harte Frau, besonders zu Beginn. Sie hasst Katzen und so zwang sie Emily, ihre Katze auszusetzen. Sie ist sehr stur und kann sich durchsetzen. Sie war die Älteste der Morrie-Geschwister und so übernahm sie die Verantwortung für Emily, als deren Vater starb. Elizabeth hat wenig Freude in ihrem Leben.

Name: Loura Morry
Alter: unbekannt
Tante Loura ist eine gutherzige Frau, die Emily sehr liebevoll behandelt hat.

Name: Jemy Morry
Alter: unbekannt
Onkel Jemy ist ein guter Mensch. Er hat Emily oft geholfen. Einmal hat Emily ein Gedicht an die Zeitung geschickt, das leider abgelehnt wurde. Damit Emily das nicht merken sollte, hatte er heimlich alle Zeitungen gekauft, die es noch gab. Leider gab es ein sehr reiches Mädchen, das bereits vorher Zeitungen gekauft hatte und Emily die Wahrheit gesagt hat. Emily hat das Jemy zuerst übel genommen, aber als sie gesehen hatte, dass er ihr Gedicht auf eine große Holztafel geschrieben hatte, war ihr klar, was für ein gütiger Mann Jemy ist. Er half allen Menschen, auch Peary, der nur ein Arbeiter auf seinem Bauernhof war. Jemy liebt Blumen und hat sehr viele auf seinem Hof.

Name: Allen Kennt
Alter: unbekannt
Allen ist Tedy's Mutter. Sie ist eine sehr harte Frau, oft böse zu Emily und hat Tedy das Malen verboten. Sie ist eine traurige Frau mit einem düsteren Gesicht und einer unheimlichen Persönlichkeit.

Name: Rosa
Alter: 11
Rosa's Vater ist sehr reich, besitzt eine Bank und bringt ihr Kleider aus Paris mit. Rosa ist sehr eingebildet, gibt mit dem Reichtum und den Kleidern an. Sie war es, die Emily gesagt hat, dass die Zeitung ihr Gedicht nicht veröffentlichte.

Name: Garner
Alter: unbekannt
Garner ist ein junger Lehrer, der in das Dorf kam, um die Kinder zu unterrichten. Er reiste, um ein Schriftsteller zu werden, doch dieser Traum zerplatzte. Nun ist er ein guter Lehrer. Er schenkte Tedy ein Skizzenbuch, das seine Mutter

schimpfend wegwarf und ihn aufforderte, ihren Sohn in Ruhe zu lassen. Er half Tedy und Emily. Er übte mit Pery und Emily ein Schauspiel ein und hat ihn an seinen Sprechübungen teilnehmen lassen. Alles heimlich, damit die verärgerte Tante das nicht mitbekommen sollte. Er interessierte sich sehr für Emily's Texte.

Name: Swzy Soll
Sie ist Emily's Katze, die das Mädchen von klein auf aufgezogen hat. Sie ist sehr faul und möchte am liebsten nur fressen und schlafen. *//*

معها فربي صارمة ولكنها طيبة القلب جدا، أما بالنسبة لجيمي والبقية فيها علو نرها بلطف.

الاسم : سوزي بارلي
العمر : 11
الموهبة : التمثيل
الأحلام : أن تصبح ممثلة

كانت تكره ايميلي في البداية، ظنت منها أنها فتاة مدللة و عائلة غنية، أصبحت هيا وايميلي صديقتان مقربتان، في البداية لم تكن تعرف ماي بدور فتاة الغابة الخضراء، في البداية كانت أيضا لأنها لا تجيد الحفظ والكنها قد أتقنت دورها، عززت هيا وايميلي، تمتز بشخصية صبيانية وقوية لا تخاف من شيء وتقول كل ما يجول في خاطرها مهما كان، سريعة الغضب مت في قراراتها لكنها مع ذلك طيبة القلب وسرعان ما تنسى المواقف المزعجة التي تمر بها وتسامح من يخطئ بحقها.

الاسم : تيدي كينت
العمر : 11
الموهبة : الرسم
الأحلام : بأن يصبح رسام

تيدي فتى موهب جدا وهو في الحقيقة رسام بارع، لطيف وطيب القلب كانت والدته تمنعه من الرسم، ولكنه أعترف لها بأ

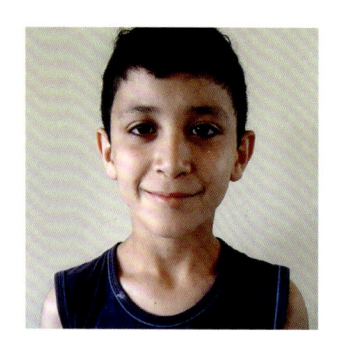

Steckbrief
Yasser Ahmad
Herkunftsland Syrien
Wohnhaft in Deutschland

Geburtsjahr: 2003
Hobbys: Fußball, Tennis

Danke, Deutschland

Hallo. Mein Name ist Yasser. Als ich noch in Syrien lebte, hatte ich gefühlt eine Millionen Freunde. Wir haben zusammen gespielt und hatten dabei viel Spaß. Als der Krieg in Syrien begann, wurden all unsere Schulen und auch mein Zuhause zerstört. Also mussten wir aus unserem Land fliehen. Meine Familie und ich flohen in die Türkei und haben dort etwa zwei Jahre gelebt. Nun leben wir in Deutschland, gehen jeden Tag zur Schule und haben neue Freunde gefunden … und ein neues Leben. Von Herzen sagen wir: Danke, Deutschland. //

Steckbrief
Georg Youhanon
Herkunftsland Syrien
Wohnhaft in Deutschland

Geburtsjahr: 2005
Hobbys: Malen und Sport machen
Ich bin seit zwei Jahren in Deutschland

Die Schwierigkeiten, als ich nach Deutschland gekommen bin

Am 20. Januar hat uns mein Onkel um 16:00 Uhr angerufen, er hat gesagt, in einer Woche müssen wir im Libanon sein. In einer Woche haben wir alles fertig gemacht, wir haben unsere Möbel verkauft, die eine Woche ist vorbei. Am 14. Februar mussten wir um 6 Uhr morgens unser Haus, unsere Freunde und die Schule verlassen. Das war für mich sehr schwer, dass ich meine Freunde verlassen musste. Wir sind nach Libanon gereist, da sind wir eine Woche geblieben. Nach einer Woche sind wir nach Deutschland gekommen. Zuerst war es für uns sehr schwer, in einem anderen Land zu leben und eine andere Kultur zu haben. Wir sind bei meinem Onkel 15 Tage geblieben, dann mussten wir 45 Tage in ein Asylcamp in Trier bleiben. Sie haben uns nach Wienau geschickt. Am ersten Tag in der Gutenbergschule war es für mich sehr schwer. Ich kannte die Schüler nicht, aber Frau Theisen-Welsch hat mir sehr geholfen und ich musste 8 Stunden in der Woche zum Sprachkurs gehen bei Frau Schiller. Sie hat mir viel beigebracht. Am Anfang hatte ich Angst vor der Sprache, dass jemand mich auslacht, wenn ich etwas falsch rede, aber die Gemeinschaft in Deutschland ist sehr nett. Sie haben uns sehr geholfen und man muss mit der deutschen Gemeinschaft Kontakt haben. Es ist sehr schön, wenn man eine neue Sprache lernt. Jetzt ist für uns alles normal und wir haben ein schönes Leben in Deutschland. Ich hoffe, dass jede Familie, die nach Deutschland kommt, auch hier Spaß haben wird. //

Steckbrief
Sanaa Abozied
Herkunftsland Libyen
Wohnhaft in Deutschland

Geburtsjahr: 2005
Hobbys: Schwimmen, Sport, Einrad

Meine Flucht

Ich bin aus Libyen nach Deutschland gekommen. In meinem Land ist Krieg, und ich hatte viel Angst. Meine Familie und ich sind in einem Boot geflohen, aber ich hatte sehr viel Angst, weil wir ein Loch im Boot hatten. Wir hatten große Flaschen dabei, damit haben wir das Wasser aus dem Boot ausgeleert. Ich bin dann mit dem Zug nach Deutschland geflohen. Zuerst waren wir in München, dann in Trier und später in Dierdorf. Ich gehe in die dritte Klasse, und alle sind nett zu mir. Ich wünsche mir, dass es immer so gut ist. //

Steckbrief
Jouleana Youhanon
Herkunftsland Syrien
Wohnhaft in Deutschland

Geburtsjahr: 1998
Hobbys: Singen, lesen

Ich heiße Jouleana
und bin seid zw
Für mich war
In Syrien war ich
hier müsste ich
ich Deutsch lerne
Jeden Tag, weinte
Freunde vermisste
erklären könnte, w
Aber jetzt nach
Sich, da ich Freun
und sehr gut Deuts
mich einfacher gew
Vor zwei Jahren, ei
Neue Schule, neue
und Tradition
Die Erinnerungen
von den glücklichen

Erinnerungen

Ich heiße Jouleana Youhanon, bin 18 Jahre alt und bin seit zwei Jahren in Deutschland. Für mich war es am Anfang sehr schwer. In Syrien war ich in der 12. Klasse, aber hier musste ich in die 8. Klasse, damit ich Deutsch lernen kann. Jeden Tag weinte ich, weil ich meine Freunde vermisste oder ich jemandem nicht erklären konnte, was ich brauchte. Aber jetzt, nach zwei Jahren, hat sich alles geändert, da ich Freunde kennen gelernt habe und sehr gut Deutsch kann, ist alles für mich einfacher geworden. Vor zwei Jahren fing ein neues Leben an – neue Schule, neue Freunde, neue Kultur und Tradition. Die Erinnerungen sind das Einzige, was von den glücklichen Zeiten geblieben sind. Manchmal erinnere ich mich an den Tag, an dem ich meine Freunde, meine Schule und meine Heimat verließ. Am 14.02.2014. Die Koffer und die Rücksäcke lagen draußen, meine Freunde weinten. Ist das der letzte Tag, an dem wir uns das letzte Mal umarmen können? Ist das der letzte Tag, den wir uns sehen können? Ich hoffte, dass das nur ein Traum wäre! Ich hoffte, dass, wenn ich meine Augen aufmache, wäre der Traum zu Ende! Obwohl wir in Syrien mit Angst lebten, war alles schön für uns. Da hatten wir viele Freunde, ein schönes Haus, genug Essen und genug Geld. Nicht wie die Leute denken, dass wir nur wegen Geld flüchten. Ich dachte nie darüber nach und hoffte nie, dass wir Flüchtlinge werden. Wer will seine Heimat verlassen? Im Krieg werden Menschen verletzt oder getötet. Häuser und Geschäfte werden zerstört. Dadurch verlieren viele Menschen ihr Zuhause. Sie haben keine Möglichkeiten mehr, da zu leben. Deswegen fliehen sehr viele Menschen, weil sie versuchen, an einem anderen Ort einen sicheren Unterschlupf zu finden. //

Steckbrief
Tea Nedic
Herkunftsland Kroatien
Wohnhaft in Deutschland

Geburtsjahr: 2004
Hobbys: Querflöte und andere Instrumente spielen

---

magischen Bohnen!

...mal eine Prinzessin Sofia mit... in einem großen Schloss tief... ...ren sehr glücklich, doch eines Tag... ...recher in das Schloss und klaut... ...ne Halsbandkette. Sofias Vater... sofort auf die Suche nach den Ver... ...che fand er ihn in einem Häusch... ...ach zu ihn: Gib mir die goldene... ...er oder es gibt Ärger!
...rtete der Dieb: Ich gebe dir die... ...r beide um Leben und Tod kä... ...- kriegt die Kette. Na gut, da i... ...r liebe und die Kette ganz s... ...e ich deine Herausforderung... ...ter. Die beiden kämpften und käm... ...r einfach stärker. Er besiegte Sofias V... ...er Vater gestorben ist. Als Sofia das erfu... ...dzdem nicht auf. Sie war sehr trau... ...was sie tun konnte, als ihr einfiel d... ...n sterben war, das sie magische Boh... ...versteckte. Sofia machte sich auf die... Bohnen und tatsächlich, sie fand... Schatztruhe. Sie gab sie ihren Vater... ...Nachdem lebten die beiden sehr glü... ...öht gestorben sind leben sie noch he...

Steckbrief
did

Die magischen Bohnen!

Es lebte einmal eine Prinzessin Sofia mit ihrem Vater in einem großen Schloss tief im Wald. Sie waren sehr glücklich, doch eines Tages kam ein Einbrecher in das Schloss und klaute Sofias goldene Kette. Sofias Vater machte sich sofort auf die Suche nach dem Verbrecher. Nach eine Woche fand er ihn in einem Häuschen.

Der Vater sprach zu ihm: „Gib mir die goldene Kette meiner Tochter oder es gibt Ärger!"

Darauf antwortete der Dieb: „Ich gebe dir die Kette nur, wenn wir beide um Leben und Tod kämpfen. Der Gewinner kriegt die Kette."

„Na gut, da ich meine Tochter liebe und die Kette ganz schön viel wert ist, nehme ich deine Herausforderung an", sagte der Vater.

Die beiden kämpften und kämpften, aber der Dieb war einfach stärker. Er besiegte Sofias Vater. Das heißt, dass der Vater gestorben ist. Als Sofia das erfuhr, gab sie ihn nicht auf. Sie war sehr traurig und dachte nach, was sie tun konnte, als ihr einfiel, dass, als ihre Mutter am Sterben war, sie magische Bohnen in einer Kiste versteckte. Sofia machte sich auf die Suche nach den Bohnen und tatsächlich, sie fand die Bohnen in einer Schatztruhe. Sie gab sie ihrem Vater und er lebte wieder. Nachdem lebten die beiden sehr glücklich. Und wenn sie nicht gestorben sind, dann leben sie noch heute. //

Steckbrief
Alya Abu Middiam
Herkunftsland Palästina
Wohnhaft in Deutschland

Geburtsjahr: 2001
Hobbys: Musik hören

أبو مدين

الأم

أساس الأسرة والمجتمع وهي …
وهي الشخص الوحيد الذي تقدم …
قابل ولا تريد منهم سوى أن …
المحبة والوفاء وسر بناء الأس …
ولادتنا وهي تعمل على تعليمنا الق …
والأخلاق الحميدة وتغرسها فينا …
الأم لياكمن أجلنا وترشدنا إلى …
إلى مدى جهالنا التسدير، إلا أ …
مر …
مقما علينا أن نطيعها ولا نعصي أوا …
على إدخال السعادة إلى قلها …
روحها ولا عنا ءإنها الحب الباقي إ …
سهر وتوي وترعى هي الممر الوح …
كان لہ أم خلا يحزنها أبدأ، وقد …
ن وطاعتهما …
يخفر ما بدر من ابنها وتساعد …
ها إلا أن يكون بعيداً حقاً لو كان …
لابن أن يعمل كل تى من أجل …
إلى قلب أمه ويكون ذلك با …
بعاد عن رفقاء السوء وكل تى ن …
فضل عظيم هي تحمل الأم كث …
رتہ، ثم السهر عليه لإرضاعه و …
الأب أمرہ من نسراء لقب و …

Die Mutter

Eine Mutter ist die Basis für die Familie und die Gesellschaft, sie ist der Ursprung und die Quelle von Liebe und Güte, die einzige Person, die die Familie aus freien Stücken versorgt. Alles was sie will, ist, dass die Familie sich wohl und glücklich fühlt. Eine Mutter ist das beste Beispiel für Geben und Aufopferung, sie ist das Geheimnis für eine gut funktionierende Familie und Gemeinschaft.

Seit wir geboren sind, arbeitet sie hart daran, uns gute Werte wie das Verzeihen oder gutes Benehmen beizubringen. Eine Mutter kann man mitten in der Nacht wecken, wenn man krank ist. Sie bringt uns bei, eine gute Zukunft aufzubauen und sie kann streng sein, wenn es unserem Nutzen dient. Aus diesen Gründen müssen wir sie respektieren und auf ihre Worte hören, sie niemals traurig machen oder enttäuschen. Wir müssen daran arbeiten, sie glücklich zu machen, so lange wir können.

Eine Mutter vergibt uns, egal was wir gemacht haben, egal welche schlimmen Dinge wir getan haben. Im gleichen Atemzug fragt sie uns nie, ob wir etwas für sie machen könnten. Sie tut alles für uns, gibt uns zu essen, kauft Kleidung, macht uns sauber und bringt uns bei, gute Menschen in der Zukunft zu sein.

Hier mein Rat für euch alle, gehorcht eurer Mutter, denn wenn sie verstorben ist, werdet ihr euch ansonsten schuldig fühlen für jeden Tag, an dem ihr dies nicht getan habt. Wenn Mütter gebären, bedeutet dies, dass zwanzig Knochen ihres Körpers brechen. All diesen Schmerz nimmt sie für uns in Kauf, diese Frau hat all unseren Respekt verdient.

Wir vergessen natürlich auch nicht unsere Väter, die hart arbeiten und alles für uns tun, damit es uns an nichts fehlt. Auch die verdienen unseren Respekt. Am Ende wünsche ich, dass Gott all unseren Müttern verzeiht und sie glücklich mit einem Lächeln im Gesicht leben lässt. //

Steckbrief
Claudia Ardiu
Herkunftsland Albanien
Wohnhaft in Deutschland

Geburtsjahr: 1997
Hobbys: Lesen, Musik hören

Meine Freunde in Griechenland

Vor einem Jahr war mein Leben komplett anders. Ich lebte in Griechenland für 8 Jahre. Uns blieb damals keine andere Wahl und wir zogen 2007 um. Am Anfang war es schwer, die Sprache zu lernen, aber ich hatte mich daran gewöhnt und wollte nicht mehr weg. Dort habe ich meine besten Freundinnen kennengelernt – Albo und Ida, mit denen ich unzertrennlich war. Nach 8 Jahren hatten meine Eltern beschlossen, nach Albanien zu ziehen (wir kommen aus Albanien). Dort blieben wir 6 Monate. Für mich war es sehr schwer, mich von meinen Freunden zu verabschieden. Dort hatte ich neue Freunde und alles war für mich neu, aber ich war nicht glücklich, weil ich immer an meine Freunde in Griechenland dachte. Im April 2014 zogen wir wieder nach Griechenland und ich war damit sehr glücklich. Endlich traf ich wieder meine Freunde und wir verbrachten den Sommer zusammen. Dann beschlossen meine Eltern wieder umzuziehen, aber diesmal nach Deutschland, um dort Asyl zu beantragen, weil meine Eltern den ganzen Winter lang nicht gearbeitet hatten und wir kein Geld mehr besaßen. Ich war mit dieser Entscheidung sehr traurig, weil ich wusste, dass ich dann für eine lange Zeit nicht mehr nach Griechenland zurückkommen werde. Im Dezember 2014 verließen wir Griechenland. Als erstes mussten wir nach Albanien und davon aus nach Deutschland. Als wir im Camping in Trier ankamen (was eigentlich große Gebäude waren, aber sie nannten es so), wollte ich direkt wieder zurückfahren. Es war dort sehr dreckig und man konnte dort nicht leben. Ich hatte sehr viel geweint und meine Eltern versuchten, mich zu beruhigen. Nach einem Monat brachte man uns zu einem Haus in dem Dorf Zelters. Es war ein sehr stiller Ort, wo man kaum Leute sah (wegen der Kälte), was ich verstehen konnte. Ich war depressiv und wollte dort nicht leben, für zwei Monate ging ich nicht aus dem Haus. Nach diesen zwei Monaten kam ich in eine Schule. Am ersten Tag war ich sehr nervös, weil ich nicht wusste, wie sich die anderen Kinder verhalten würden. Zum Glück war meine Lehrerin sehr nett zu mir und mochte mich, aber für mich war es schwer zur Schule zu gehen, weil ich die Sprache nicht konnte und keine Freunde hatte, ich fühlte mich alleine. Nach einem Jahr hatte ich Freunde gefunden und konnte mich anpassen, aber ich vermisse immer noch meine besten Freunde in Griechenland. Das ist meine Geschichte. //

Steckbrief
Ragad Edrees
Herkunftsland Syrien
Wohnhaft in Deutschland

Geburtsjahr: 2004
Hobbys: Spielen, Musik hören, Deutsch lernen

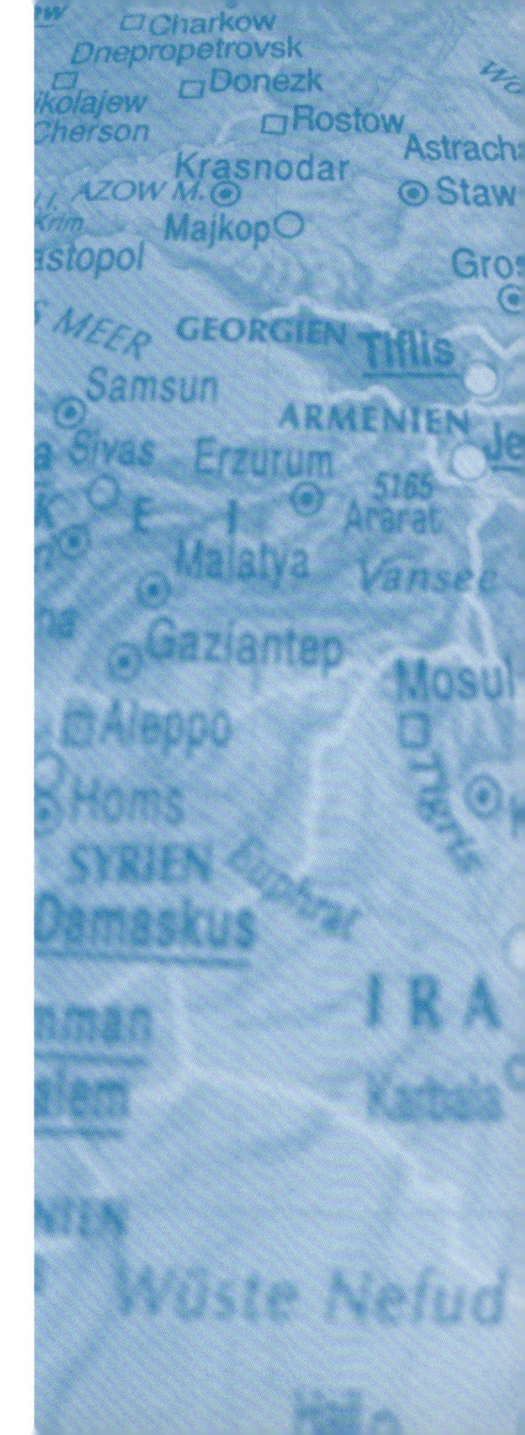

Eine Lebensgeschichte

Dort, hinter den Bergen und dem Meer, hinter den Plantagen und Plateaus – dort ist mein Land, meine Heimat und meine Nationalität. Wenn der Sommer in meinem Land beginnt, trägt die Erde ein grünes Kleid, in der Luft sind Millionen von Vögeln und Schmetterlingen und der Duft der Blumen ist überall – was für eine tolle Jahreszeit!! Aber das Beeindruckendste ist der Winter, wenn es regnet. Dann mischt sich der Regen mit dem Sand und bringt einen wunderbaren Duft hervor, oh, wie sehr ich mein Land in dieser Jahreszeit liebe. Wissen Sie, wie der Name meines Landes ist? Es heißt Syrien, der schönste Name. Das beeindruckendste Land. Mein Land, das niemals durstig ist, ganz egal wie viele Jahre es nicht geregnet hat. Denn das Land wird gewässert von dem Blut unserer Märtyrer, der ehrlichste Geruch überhaupt. Syrien, Du wirst niemals Parfum brauchen, da Du das Blutparfum aufgelegt hast, welches Dich von Millionen Ländern unterscheidet. Wörter und Zeilen, Bücher und Millionen von Seiten reichen nicht aus, um über Syrien, meine Erinnerungen und meine Kindheit zu berichten.

Ich vermisse mein Land und verstehe jetzt, warum die Reisenden, wenn sie in ihre Länder zurückkehren, beten und den Sand küssen. Oh, wie ich wünschte, dass ich etwas von dem syrischen Sand mitgenommen hätte, um daran zu riechen, wenn ich meine Heimat vermisse.

Ihr wollt, dass ich euch etwas über Syrien erzähle, dann hört mir gut zu. Syrien ist Heimat für hungrige Menschen, die dort das köstlichste Essen serviert bekommen. Syrien ist das Land für sichere Menschen, die kommen dorthin, um sich sicher zu fühlen. Syrien ist ein großherziges, liebevolles und wohltätiges Land. Syrien ist der Himmel auf Erden. Ich werde keine Wörter mehr darüber sagen, denn ihr könnt sie nicht verstehen, wenn ihr nicht aus Syrien stammt.

„Syria", jeder der fünf Buchstaben hat im Arabischen eine Bedeutung: Friede, Liebe, Sicherheit, Glück, etc. Diese Buchstaben haben die wunderschönste Bedeutung auf der Welt. In einer Nacht voller Dunkelheit suchte ich nach einem Stift, um aufzuschreiben, wie sehr ich Syrien liebe und vermisse. Als ich keinen fand, nahm ich ein Stück meiner Knochen und schrieb mit meinem Blut, vielleicht kann das Papier fühlen, was ich fühle.

Der Krieg begann in meinem Land, tötete die Kinder, die Alten und die Jungen, ohne zwischen „gut" und „böse" zu unterscheiden. Also flüchteten wir, aus Angst vor Waffen, der Zukunft und Dunkelheit. Meine Familie und ich hatten keine andere Wahl, als zu gehen. So starteten wir unsere Reise, um ein neues Leben in einem sicheren Land zu beginnen. Wir gingen nach Norden in die Türkei, wo wir für zwei Monate blieben. Dann entschieden wir, nach Deutschland zu gehen. Eines Nachts gingen wir ans Meer, wo wir auf weitere zehn Menschen trafen, die auf das Schiff warteten. Als das Schiff ankam, versuchte meine Mutter uns aufzumuntern, damit wir uns besser fühlten, aber ich hatte solche Angst. Ich bin das älteste Kind bei uns zu Hause und habe drei kleinere Brüder. Wir gingen auf das Schiff und begannen unsere Seereise, als auf einmal das Schiff ein Problem hatte und anhielt. Alle Menschen fingen an zu schreien und ich fing an zu weinen. Aber meinte Mutter sagte: „Keine Angst, es wird wieder gehen." Meine Mutter sollte recht behalten, das Schiff fuhr weiter und wir gingen sicher an Land. Ich fing an zu lachen und dankte Gott für unsere Sicherheit. Ich wünschte, der Krieg in Syrien würde enden und ich könnte zurück nach Hause und wieder glücklich sein. //

قصة حياة

هناك خلق الأفق البعيد... هناك خلق الجبال والتلال... خلق السهول والبطاح
يكون موطني هناك بلدي هناك هويتي، في بلدي عندما يأتي الصيف تلبس
الأرض ثوباً أخضر وتمتلئ السماء بالفراشات ويعبق العطر عالياً الدنيا كلها من
رائحة الزهور والورود ما أجمله من فصل في بلدي ولكن الأجمل هو فصل
الشتاء حيث يمتزج المطر بالأرض لتولد من رائحة الأرض المكان ما أجملها
من رائحة، كل عطور الدنيا لا تعادل بجمالها رائحة ترابك يا بلدي، هل عرفتم
ما اسم بلادي، إنها سوريا، سوريا أجمل الأصوات وأجمل الكلمات لن تشعري
بالعطش بعد اليوم يا سوريا مهما مرت عليك سنين من جفاف، فلن تعطش
أرضك قد رويت اليوم بدماء الشهداء بدماء شبابك النقية والطاهرة الدماء
الذكية النقية، لن تتعطش لعطر يا سوريا، قد صار عندك ......
..... عطر لسوري لدول ودول، سطور وكتب ودفاتر الكون لا تكفيني
لأروي تفاصيل عن سوريا لأروي قصصاً وذكريات وطفولة من سوريا اشتقت
لوطني، الآن فهمت لماذا ذاك المغترب عندما وصل لمطار بلاده سجد
على تراب ولثمه و.... أتمنى لو أني استطعت أن أجلب قليلاً من ترابك
يا بلادي الذي يلجأ إليها الجائع فتطعمه جائد وطاب، لو أني استطعت أن
أجلب قليلاً من ترابك يا بلادي لأتعطر به و أشتم رائحته بين الحين والآخر
هل أحكي لكم عن سوريا؟ هي ذاك الموطن الذي يلجأ إليها الجائع فتطعمه
جائد وطاب هي ذاك الموطن الذي عندما يأتيها الضيف تكرمه، هي ذاك الموطن
الذي يأتي الذي يشعر بالبرد تدفئه، و الذي يشعر بالخوف تعطيه الأمان
هذه هي بلادي وهذه هي سوريا، لن أطيل الكلام عنها، فلن يشعر بجمال الذي
عاش فيها وتنشق من هوائها واشتم رائحة هطلها. متى اللقاء ومتى العودة إلى تراب الوطن
سوريا: حرف السين اسمه..... السرور، وحرف الواو: يرمز إلى الود والوئام، والميم وحرف الألف
يرمز إلى الرخاء والياء يرمز إلى اليمن والخير والطاء واما الألف فترمز إلى الأراضي
جمعت حروفك يا سوريا أجمل المعاني وأسماها، في سواد ليل مظلم أصبحت يشرق الكون
واشتق يا بلدي بجرعة من عروقي. فجئت من قلم لأكتب ما في داخلي لأرمم الحياة الذي
في عروقي إلى كلمات على صفحات بيضاء و لكنني أجد قلماً، ناشراً قلماً ماضياً
ومداده مرآة دمي من تشر الصفحات باشتياق الذي في بلاد داخلي، لبلد غادرته مرغماً
بدأت الحرب في بلدي وطالت أيدي القتل الأبرياء والأطفال والنساء والشيوخ
.... العزاء. نحب الأمان ونحيا لنعيش بالحب. الحب هو المعول الذي بني القلوب

Steckbrief
Giulia Cibaku
Herkunftsland Italien – Albanien
Wohnhaft in Deutschland

Geburtsjahr: 1999
Hobbys: Lesen, schwimmen, kochen, malen

Die Königin der Ros[en]

önigin der Rosen lebte einst in
Elegant und duftend, hatte der
Eigenschaften der Blumen auf der
Sie lebte auf einem von einem
den Rosengarten umgeben Hügel.
ute liebten die Königin weil sie g
Alle Leute fragten ihn Tipps und
rtys und Hochzeiten.
leben war ganz glücklich und sie
unter ihren Blume.
irem Garten hatte sie alles, was
nun ältere Menschen es ist noch
mit Schrecken der Tag wenn sie
e junge war, sie verliebt sich in e
Tages der hübsche Junge bittet s
er konnte nicht sie auf seine
sie zu schön war und perfekt
von allen.
ler Junge sagte bei ihnen, weni
zu werden.
Königin der Rosen war sehr bee
sich nicht erklären, wie er ein
könnte, werden weniger freundlich
Tages ruft sie ihr Freund und
du mich liebst musst du mir
ich bin.
eh auch deine Freunden schätzen
ich bin."
werde nicht jemand anderes für
Freunde.
m haben die beiden wieder n
n und die Königin ist froh sich
es geworden zu sein.

Ende...

Die Königin der Rosen

Einst lebte in einem geheimen Garten die Königin der Rosen. Der Schöpfer gab ihr nur die allerbesten Eigenschaften. Sie lebte auf einem Hügel, der von ständig duftenden Blumen umgeben war. Alle Leute liebten die Königin der Rosen, denn sie war nicht nur schön, sondern auch sehr klug und weise. Vielen Menschen hatte sie schon mit Rat und Tat zur Seite gestanden. Sie hatte ein schönes Leben, sie war glücklich und genoss die sonnigen Tage mit ihren Blumen. Sie war mit ihrem Leben zufrieden, ihr Garten gab ihr alles, was sie brauchte.

Früher war sie einmal in einen schönen Jungen verliebt gewesen. Sie verbrachten viele schöne Tage und Wochen zusammen. Eines Tages bat der Junge um ihre Hand, er wollte die schöne und kluge Königin heiraten. Allerdings konnte er sie so nicht seinen Freunden vorstellen, sie war einfach zu klug und zu perfekt. Sie unterschied sich zu sehr von seinen Freunden. Er bat sie nun, sie möge sich doch bitte ändern und nicht mehr so klug und weise sein. Die Königin war sehr überrascht und konnte es nicht verstehen, dass es eine gute Sache sein konnte, wenn man weniger freundlich und klug war. Sie war nicht bereit, sich für irgendjemanden zu ändern. Ihr Volk liebte sie doch genau aus diesem Grunde, deshalb konnte es doch nicht falsch sein. Schweren Herzens trennte sie sich von dem Jungen.

Seit dieser Zeit haben sich die beiden nicht mehr gesehen und die Königin lebt alleine, aber glücklich, sich nicht geändert zu haben auf ihrem Hügel, der von reich duftenden Blumen umgeben ist. //

Elahe

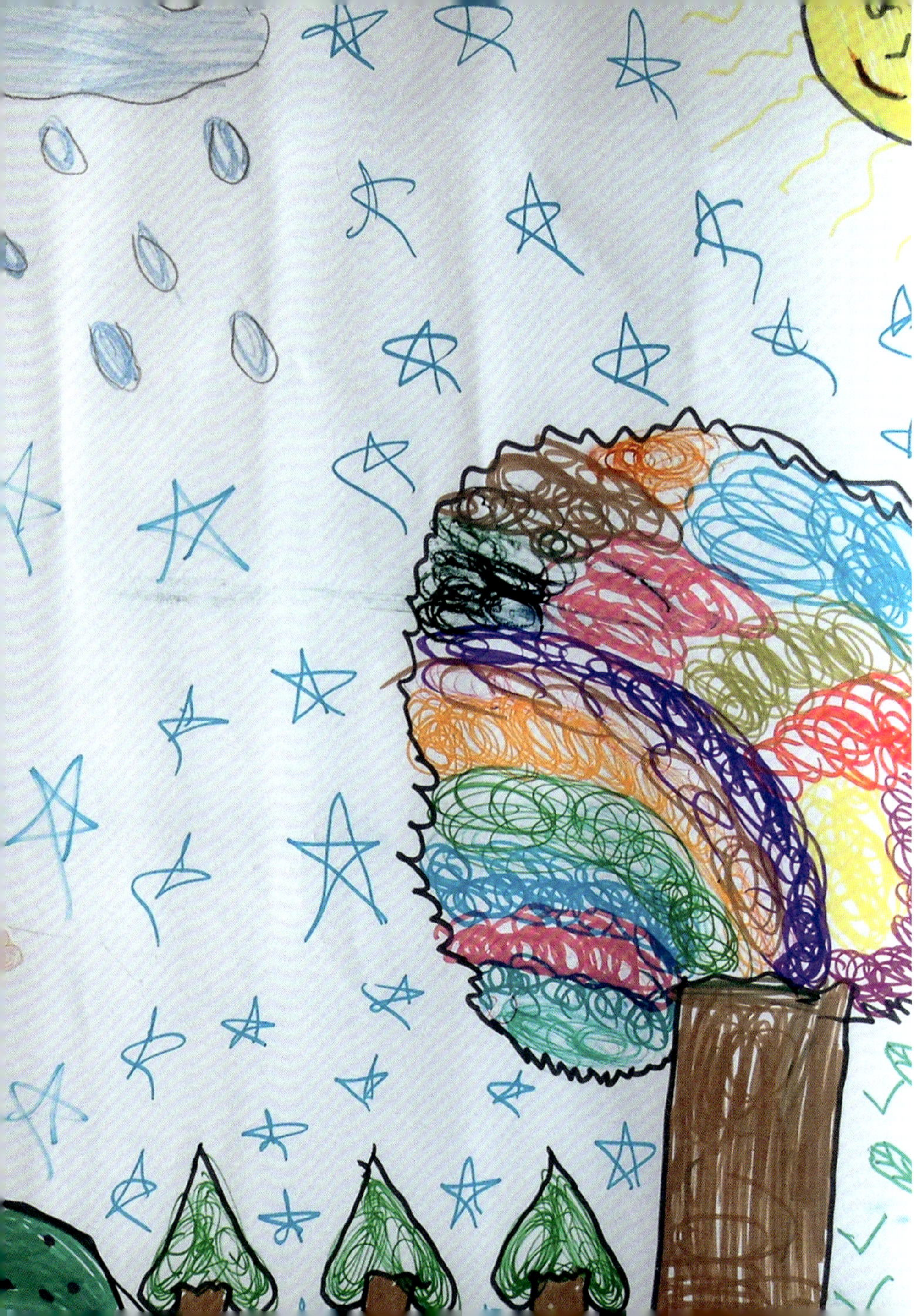

name: Mezsam
vorname: nazari
from: Afganistan

Germany

Germany

AFganist

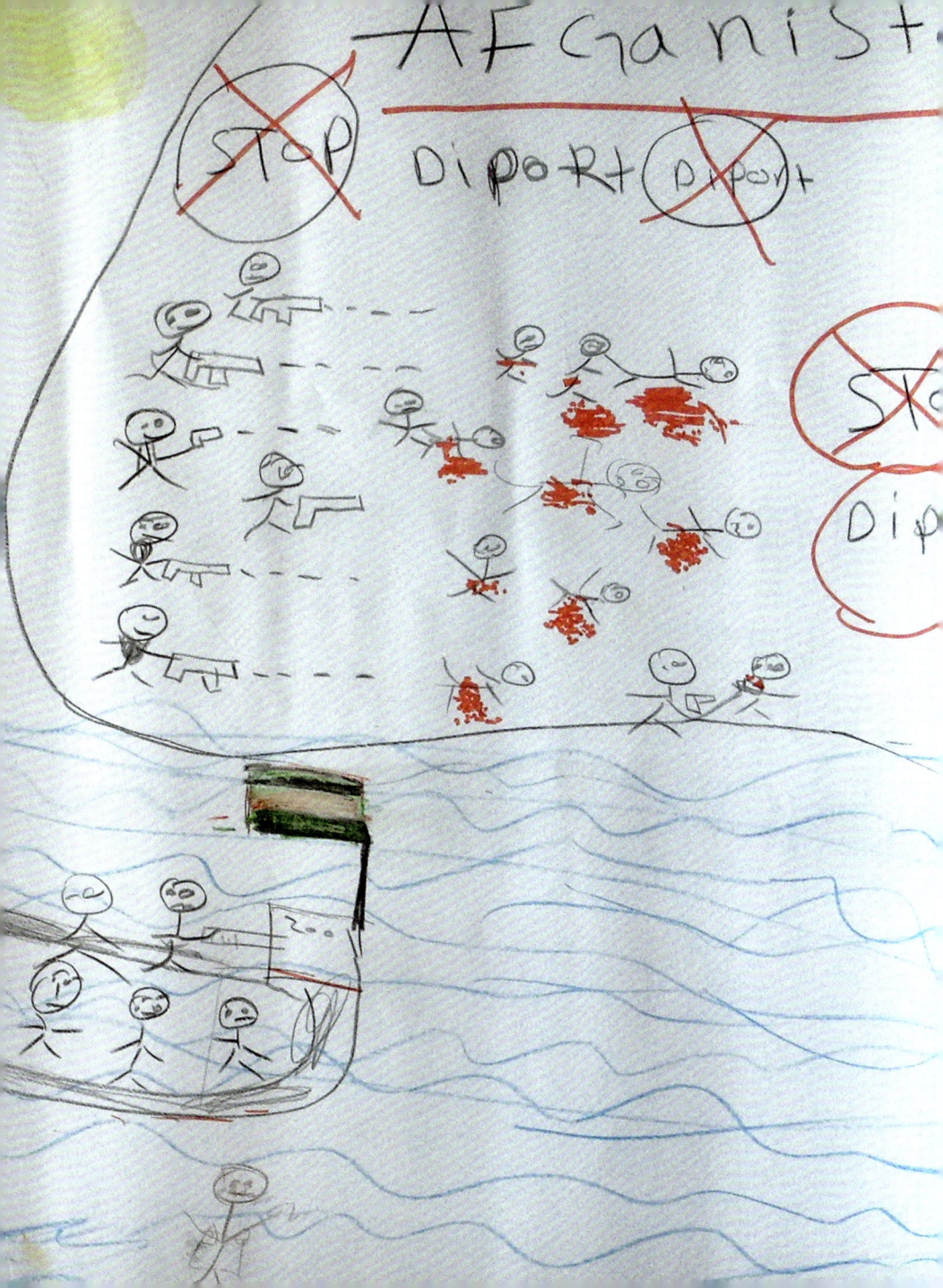

~~Stop~~ Diport ~~Diport~~

~~Stop~~
~~Dip~~

Anuschka Weyand Buchverlag

Weitere, im Anuschka-Weyand-Buchverlag erschienene Bücher:

- „Immer stärker" von Sunita S.,
  ISBN 978-3-9814244-0-9, Preis 8,99 Euro, Print
- „Die Schnecke und der Gepard" von Anuschka Weyand,
  ISBN 978-3-9814244-1-6, Preis 9,90 Euro, Print
- „Die Schnecke und der Gepard" von Anuschka Weyand,
  ISBN 978-3-9814244-2-3, Preis 2,99 Euro, E-Book
- „The Slow and The Swift" von Anuschka Weyand,
  ISBN 978-3-9814244-4-7, Preis 2,68 Euro, E-Book in englischer Sprache
- „Immer schlanker vs. JoJo" von Anuschka Weyand & Dr. Hans-Peter Müller,
  ISBN 978-3-9814244-3-0, Preis 4,99 Euro, E-Book
- „kidz4kids 1.0", Kurzgeschichten junger Schreibtalente,
  ISBN 978-3-9814244-5-4 , Preis 7,95 Euro
- „kidz4kids 2.0", Kurzgeschichten junger Schreibtalente,
  ISBN 978-3-9814244-6-1 , Preis 9,95 Euro
- „kidz4kids 112", Brandheiße Geschichten von Feuerwehr-Kids,
  ISBN 978-3-9814244-7-8 , Preis 6,95 Euro

Weitere Infos unter
www.anuschka-weyand-buchverlag.de

Mit freundlicher Unterstützung von: Sparkasse Koblenz

kidz4kids 4.0

Für das vierte kidz4kids-Buch 4.0 wird bereits wieder fleißig gesammelt – von daher auch an dieser Stelle gerne der Aufruf: Kinder und Jugendliche zwischen 11 und 19 Jahren, egal welcher Herkunft, ihr könnt Eure selbst geschriebenen Texte unter **info@kidz4kids.de** einreichen, das Genre ist frei wählbar. Der Verein korrigiert, lektoriert und verlegt – für Euch vollkommen kostenfrei!

Initiative gegen Gewalt
und sexuellen Missbrauch
an Kindern und Jugendlichen e.V.
www.initiative-gegen-gewalt.de
Tel./Fax: 02623 - 6839, Mobil: 0171 -186 922 0

bundesweit aktiv!

NummergegenKummer.de
Das Kinder- und Jugendtelefon. Weiterhin auch erreichbar unter: 0800 - 111 0 333

em@il-Beratung
www.nummergegenkummer.de

Kinder- und Jugendtelefon
116111
NummergegenKummer
freecall
unterstützt durch die Deutsche Telekom

evm

LOTTO STIFTUNG RHEINLAND-PFALZ

Agentur für Grafik & Design